ゆく河の流れは…私の読書
The river flows ceaselessly…
（My Reading：言語学メモ帳）

下宮忠雄
Tadao Shimomiya

The river flows ceaselessly. And yet, the water is never the same.
Bubbles on stagnation vanish and combine. They never remain the same.
Such is man and his home in this world.（日本語原文は次頁）

2019

文芸社

はしがき（prologue, Vorwort, avant-propos）

　書名の『ゆく河の流れは…』は鴨長明（1155-1216）の『方丈記』Notes from My Ten Foot Square Hut（1212）の冒頭の部分から借りたものである。鴨長明は晩年に方丈（3メートル×3メートル）の小屋を作り、隠居生活を送りながら、歌を詠んだ。

　ゆく河の流れは絶えずして、しかももとの水にあらず。よどみに浮かぶ、うたかたは、かつ消え、かつ結びて、久しくとどまりたるためしなし。世の中にある人と栖（すみか）と、またかくのごとし。（英訳は前頁）

　渡部昇一『青春の読書』（Origin of Shoichi Watanabe, ワック, 2015, 614頁）に刺激されて、『私の読書』（My Reading）のような内容を書きたいと思い、お世話になった本を中心に、著者か事項（英語の）を見出し語にして思い出を綴った。ゲルマニアとロマニア（Germania and Romania, p.19-49）は、長年のテーマでもあるので、30頁と長いが、そのまま再録した。長い間愛用してきたMarouzeau（マルーゾー）の言語学用語辞典は、そこに書き込んだメモを採録した（p.79-110）。ご了承をお願いしたい。

　私のプチ研究室は小型の4畳半で、寝室を兼ねている。それを方丈（ten foot square room）に見立てて表題としたが、内容は言語学メモ帳である。

　2019年3月7日　埼玉県・所沢市のプチ研究室　　下宮忠雄

主 要 項 目 索 引：ablatif absolu 80, absolutif 80, à coupe-forte 80, acc.c.inf. 81, adstrat 81, adoucissement 81, adverbes pronominaux 81, agglutination 81, alphabet 81, Alteuropa 82, anacoluthe 82, analyse 82, antithèse 82, antiptose 82, aphérèse 83, apocope 83, arabismo 83, arménien 83, article 83, augmentatif 83, balkanisme 83, bahuvrihi 83, bas-latin 84, Bonfante 84, Book 4, Boyer 84, Brewer 5, Buck 5, calque 84, Camões 97, cas 85, cas (système des) 85, cataphorique 85, celtibère 85, centripète 85, champ sémantique 85, chrono-expérience 86, chuche 86, chute 86, collision 86, comparaison 86, contact phonology 86, corrélatif 86, coup de glotte 87, cuir 87, Darmesteter 87, Décsy Gyula 90, 95, 109, déictique 87, déonymie 87, dialecte 88, dialectalisation 88, différenciation territoriale 88, diminutif 88, dissimilation consonantique 88, dodo 88, Eliot 88, emprunt 89, epenthesis 89, ergatif 89, essif 89, Eurolinguistics 90, faux amis 92, form-word 93, French 5, frequency of phonemes 93, fréquentatif 93, Future 7-19, ga- en gotique 93, **Germania and Romania** 19-49, glide 93, Goethe 134, Gotland tale 49, grabar 93, Grammar (germ.slav.) 50-53, grammaticalisation 94, Grenzsignal 94, Grundvokal 94, Haiku 53-60, haiku and linguistics 94, heteronym 94, Hinterhof Europas 95, Hölderlin 134, hybrid word 95, hypercorrect 95, ido 95, implicit 96, inessif 96, iotacisme 97, italien 97, Izui Hisanosuke 60-71, Jespersen 71, kavkasisk 97, kenning 97, Kobayashi Hideo 71-75, Lachmann's law 98, langage du bois 98, langue écrite et parlée 98, lénition 98, langue vaincue 98, linguaggio 98, linguistique 98, loi de Thurneysen 99, lois morphologiques 99, Lorelei 75-79, marked/unmarked 99, **Marouzeau** 79-110, Merkel（低地ドイツ語エッダ）110-121, Michelena 122, Moesia 99, monogenesis 99, Morimoto 122, morphème 100, morphologie 100, mots 100, mots composés 100, mutation consonantique 100, mutation vocalique 101, nasalisation 101, neutralisation morphologique 101, noms de lieux 101, noms propres 101, opposition phonologique 102, ordre 102, phonème 102, phonétique 102, phrase 103, phraséologie 102, Picnic物 語123-129, Pisani 103, pléonasme 103, plural poétique 103, polygenesis 103, Pottier 129, prépositions 104, proclitique 104, protolanguage 104, prospectif 104, psychomécanique 105, Pushkin manifesto 105, quaternary pronominal system 105, racine 105, réduplication 105, retroderivo 105, Reuter Fritz 129-133, Rhein 133, rhème 105, Romanche 135-140, Saito Shizuka 140, Salamanca 142, sarmatisk 106, Scythian 106, sémantique 106,168, Seoul 142-153, séparabilité 106, Shimazaki Toson 153, Society for enjoying Scandinavia 153, sonorisation 106, Soweto 155, Sprachbund 106, Strindberg（結婚物語）156, structure 106, substratum 106, Sweet Henry（アイスランド語入門）158, syncretism 107, synecdoche 107, syntaxe statique 107, système 107, Taste 158, tendance 107, t euphonique 108, tmesis 108, Topelius 158, Tovar A. 160, trakisk 108, transition de phonème 109, translation du premier degré 109, type analytique 109, Ukrainian 160, velours 109, Vocabulary 162-169, Vorhof Europas 109, Whiskey 170, Wörter und Sachen 109, Wackernagels Gesetz 109, Yasugi S. 170, zelkova（けやき）171, zero 110. **私の本棚**より 40冊 172-212.

Book 本。1万円の本も100円の本もある。新本コーナーに定価2000円の本が、同じ本屋の新古書コーナーに半額で並べられている。神田の古本街には文庫本3冊で100円などが、いくらでもある。本に飢えていた1945-47年ごろは何日分の食費にもあたるような本を買ったものだ。何度読んでも飽きない本、いつも何か新発見のある本、一度は読むが、収穫の少ない本（これは読者の責任）、買っただけで飾ってある本、200部作成して50部しか売れない本、CiceroやDanteのように、何百年たっても読まれる本もある。

　本も書籍も漢語（Sino-Japanese）だが、和語では何というのだろうか。本という字は本質、本能、本格的など、最重要を指す。日本は the origin of the sun（the rising of the sun）が語源らしい。

　「本」は、いろいろなことわざの主人公になる。1.「本は物言わぬ師である」ドイツ語は Die Bücher sind stumme Meister. ラテン語は libri muti magistri sunt. ローマの作家 Aulus Gellius の言葉である。2.「今日の本は明日の国民を作る」Die Bücher von heute sind das Volk von morgen. は東ドイツの文部大臣 Johannes R. Becher の言葉（1955）。3.「本は厚ければ厚いほど、中身は薄い」Je dicker das Buch, je dünner der Geist. ドイツのことわざ辞典 Wander にある。4.「歳月は書物よりも多くを教える」Jahre lehren mehr als Bücher. 5.「書物のない部屋は心臓のない肉体だ」はキケローの言葉と伝えられるが、ラテン語を探しても、見つからなかった。

　小林英夫は言う。「本を書くときに一番苦労するところは序文だろう。下手に書くと読者を逃がしてしまうから、著者は腕に撚りをかけるのだ。序文は本文が完成してから出来るもので、序文を書いてから本文を書くようなものは、まずないといってよい。だから序は二度読むべきだ」（言語と文体、三省堂、1937, p.246）と。

　だが、私はまず序文と目次を書き、それから本文を書く。序文で足りないことは「あとがき」に書く。Jacob Grimm の『ドイツ語文法』は目次がない。フランスの本は目次が最後にある。

Brewer（ブルーワー英語故事成語大辞典）

Brewer's Dictionary of Phrase and Fable. Centenary edition（1970）30,000 items. Revised by Ivor H. Evans, Cassell, London. xvi, 1175pp. 2005年、神田の古本祭りで800円、大修館書店の日本語訳（1994）が8,000円だった。Tokyo Rose. 民主主義のお手本のようなアメリカにも、意外なイジメがあるんだ。無実のローズが名誉回復するのは、晩年になってからだった（NHKヒストリア）。

Buck, Carl Darling バック（1866-1955, シカゴ大学サンスクリット語および印欧言語学教授）の『主要印欧諸語における同義語辞典、概念の歴史 』（A Dictionary of Selected Synonyms in the Principal Indo-European Languages, with the cooperation of colleagues and assistants. The University of Chicago Press, Chicago & London, 1949, third impression, 1971, xvii, 1515頁）は出版されたとき、40米ドル（16,000円）だった。この金額は当時の日本人の年収に相当した。食うや食わずの時代に、日本人の誰が買えたか。だが、この本は売れに売れた。その後、値段はほとんど変わらず、第3版1971, 1978は三省堂で13,500円（45米ドル）であった。これは当時、大学の非常勤1コマ1か月の給料（2万円）で買える金額だった。この非常勤は実働ではなく、夏休み・冬休みも有給だった。

　古代アテナイにはコーヒーも砂糖もなかった。アレクサンダーはミツバチのないhoney（甘味料）がインドにあると書いている。Buckによるとsákhariが知られるのは西暦1世紀である。

　砂糖がヨーロッパに伝わったのはアラビア語を通してで、スペイン語のazúcar（アスカル）とポルトガル語açúcar（アスカル）にはアラビア語の定冠詞a-（＜al-）の痕跡が見える。イタリア語zùcchero（ツッケロ）, フランス語sucre（シュークル）, 英語sugar, ドイツ語Zucker（ツッカー）, ロシア語sáxar（サーハル）など、語頭音に [ts] と [s] の相違がある。

French（口語フランス語入門）

Franz Beyer und Paul Passy: Elementarbuch des gesprochenen

Französisch（2.Aufl. Cöthen, Verlag von Otto Schulze, 1905）東海大学原田哲夫文庫。この本の寄贈者原田哲夫氏（1922-1986）は東北大学英文科卒、日本大学歯学部教授だった。この本は Henry Sweet の『口語英語入門』（Elementarbuch des gesprochenen Englisch. 3版, Oxford 1904, 初版は1885）と同様、文例はすべて発音記号で書かれている。第1部：テキスト1-62, 第2部：文法67-145, 第3部：語彙147-191. 語彙も発音記号順に配列されている。語幹 māːʒ「食べる」の項に不定詞 māʒe があり、mɔmã「瞬間」の項に o mɔmã「瞬間に」がある。テキストの例を、発音記号ではなく、通常の正書法で記すと、p.59 l'école buisonnière（学校をサボって雑木林で遊ぶ）＝ドイツ語 die Schule, die Stunde schwänzen などとある。

　無声閉鎖音 p,t,k は南ドイツにおけるよりも強く発音される。北ドイツ（ハノーファー）の papa は phapha のように発音されるが、南ドイツでは h は伴わず、pa-pa と発音される。bɔn（よい）は mbɔn のように、rɔb（衣服）は rɔbə のように聞こえる。1978年3月、学習院大学生22名と一緒に滞在していたとき、Murnau のゲーテ校の先生が dann を [dannə] のように発音していた。ʔɑ, sɛ vu?（ah, c'est vous? あ、あなたでしたか）。ʔは声門閉鎖（glottal stop）で、デンマーク語の発音に特有のものである。

p.75 形態論と統辞論（Form- und satzlehre）。Sandhi（Bonfante は syntactic phonetics と呼ぶ）。l-urs（l'ours）'the bear', lez-urs（les ours）'the bears', dø-bō-garsō（deux bons garçons）'two good boys', dø-bōz-āfã（deux bons enfants）'two good children', i vwa（il voit；il の l が子音の前で脱落）；母音の前では保たれる il ātā（il entend 彼は聞く）'he hears', il-a pœːr（il a peur 彼は心配だ）'he is afraid'；at-i pœːr（a-t-il peur? 彼は心配か）'is he afraid?'

p.79. lə ptit-wazo（le petit oiseau 'the little bird'）；lez-jø（les yeux 'the eyes'）

p.80 Abstufung. i-n m-a pɑ vy, mwa（il ne m'a pas vu, moi「彼は私を見な

かった」における弱形（atonic form）mと強形（tonic form）mwaを母音交替と呼ぶ。Henry Sweetのthere's nobody thereにおける[ðə]と[ðeə]の[ə][eə]、すなわち［ゼロ］と［e］はラテン語s-unt 'they are'とes-t 'he is'のsとesにあたる。

文法の章で、以下、発音記号、ドイツ語の意味、女性、男性。

定冠詞	la mɛːr 'die mutter' 母	lə pɛːr 'der vater' 父
	la fam 'die frau' 女	l'ɔm 'der mann' 男
複数	le mɛːr 'die mütter'	le pɛːr 'die väter'
	le fam 'die frauen'	lez-ɔm 'die männer'

Future（ロマンス諸語および他のヨーロッパ諸語における未来の表現；Ensayo de una clasificación tipológica de las lenguas europeas según la expresión del futuro）ロマンス語研究Studia Romanica 19（1986）本稿は1984年11月24日、京都外国語大学において行われた日本ロマンス語学会第21回大会の統一テーマ「ロマンス語における未来表現」での発表を敷衍したものである。

最初にヨーロッパ諸語における未来の表現の類型をとりあげ、次にヨーロッパの諸地域にこれらのタイプの現れ方を見る（地域類型論的areal-typolgisch考察）。

1. 古い印欧語においては形態素-s-による未来表現が支配していた。サンスクリット語dā-syā-mi（アクセントはsyā）、リトアニア語dúo-siu、ギリシア語dō-sō（アクセントはdō-）は、いずれも "dabō" (I'll give) の意味で、語根と人称語尾の間に-s-をもち、古代ラテン語faxō（= fēcerō "I'll have done"）、capsō（=cēperō " I'll have taken"）にも-s-が見える。この-s-はサンスクリット語pi-pá-sa-ti（語根pāの重複形 "he wants to drink"）に見える願望法（desiderativum）と同じ起源である（W. Porzig, W.P.Schmid, F.R. Adrados）。これに対して、古典ラテン語期にcantābō（"I'll sing"）という改新形が作られた。この-bōは印欧語根*bhew-「居る、在る」（サンスクリッ

ト語bháv-a-ti, ギリシア語phúō, ラテン語fuī, 英語be, ロシア語by-t')の母音
ゼロ形*bhw-ōからきたもので、ラテン語cantābōは"erō cantāns"「私は歌
う者となるであろう」ほどの意味である。類似の表現はサンスクリット語
dātā-smi（アクセントはtā；dātā + ásmi, アクセントはdā）にも見られる。
これは字義通りには"dator sum"で、意味はラテン語dabōである。屈折の豊
富なサンスクリット語においてもすでに、このような迂言形が見られる。な
お、"be"動詞を用いる未来表現はロシア語（2.2）やフィンランド語（6.4）
にもある。

2. ヨーロッパ諸語では迂言的（periphrastic）に表現され、次のようなタ
イプがある。

2.1 cantāre habeōの型：ロマンス諸語、アルバニア語

2.2 助動詞を用いて：I'll give, ich werde geben, ロシア語búdu davát'（原
義："erō dare"）

2.3 小詞（未来小詞）を前置して：現代ギリシア語tha dōsō "dabō", アルメ
ニア語（東アルメニア語）kə tamまたは融合してktam "dabō"。このkəは
G.R.Solta（1963:120）によると、*kay ew berē "er ist da und bringt" > *k (ay)
u berē > ku berē > kə berēのような過程を経て生じた。西アルメニア語の
piti grem "scrībam", piti gres "scrībēs", piti grē "scrībet"におけるpitiは"es
ist nötig, man muss"の意味である。

2.4 アスペクトの相違を伴うもの：ロシア語未完了体未来búdu davát'（私は
しばしば与えるであろう）、完了体未来dam（私は与えるだろう、与えよ
う、きっと、一度だけ）；現代ギリシア語tha dínō（私はしばしば与えるだ
ろう）、tha dōsō（アクセントはdō；私は一度与えるだろう）。スラヴ諸語の
文法では前者をimperfective future, 後者をperfective futureと呼んでい
る。現代ギリシア語では、前者は継続未来（futurum continuum）または現
在未来（präsentisches Futur）と呼ばれ、現在の接続法から作られる。後
者は絶対未来（futurum absolutum）またはアオリスト未来（aoristisches

Futur）と呼ばれ、アオリスト語幹から作られる。スラヴ諸語と同様、前者は繰り返される行為、規則的な行為を表し、後者は一度の行為を表すのに用いられる。例：tha sou gráphō sukhná［θa su gráfo sixná］（私は君にしばしば書くだろう）、tha grápsō apópse sto phílo mou［θa grápso apópse sto filo mu］（私は今晩、私の友人に書くだろう）。上例はJ.Kalitsnakis（1963）より。

2.5 一言語の中に二つの規範（norma）が同居している場合。アルバニアのゲグ方言（Gegisch）kam me shkrue "habeo ad scribere", アルバニアのトスク方言（Toskisch, 1972年以後、標準語となる：Armin Hetzerは統一化された標準語vereinheitlichte Standardspracheと呼んでいる）do të shkruaj "volo ut scribam"［tëの発音はtə］。後者は不定法を失ったバルカン諸語に特有の語法で、"ut＋接続法"でもって未来の内容を表し、現代ギリシア語のtha gráphō, ルーマニア口語am sǎ cînt（発音kənt）の"habeo ut cantem"と同じ表現を用いる。

3．ロマンス語未来の種々のタイプ。H.Lausberg（Bd.3, p.213ff.）による。ロマンス語に関するかぎり、筆者はこのLausbergの小冊子に長年多くを負うている。"multum in parvo"というか"totum in compendio"というか、実にすばらしい本である。

3.1 volo cantare＞ルーマニア語voi cîntá.

　これは英語I will sing, 現代ペルシア語xvāham sorūd（＝volo cantare）"cantabo"と同じ構成である。ペルシア語の現在人称変化はxvāham sorūd, vxāhī sorūd, xvāhad sorūd, xvāhīm sorūd, xvāhīd sorūd, xvāhand sorūdとなり、xvāham以下の人称語尾に印欧語の面影がはっきり読み取れる。

3.2 venio ad cantare＞レトロマン語オプヴァルド方言（obwaldisch, 森林の向かい側）jeu végnel a cantar. これはスウェーデン語の単純未来jag kommer att sjungaと同じであり、スペイン語voy a cantar, 英語I'm going to singなどにも見られる。（ギリシア語のfuturum atticumと言われるdōséō

＜印欧語*dōsjō「私は与えるだろう」の中にjā "gehen" が入っているとHirt（第3巻p.127）は述べている。

3.3 habeo de cantare＞ポルトガル語he-de cantar. この代わりにcantare habeo＞cantarei も同様に用いる。このcantareiは、目的格の人称代名詞を伴うとき、cantá-lo-ei（＜cantár-o-ei）のように不定法と未来語尾の間に -o-が挿入され、改新的形態法の密着度が、まだ未熟な段階を示している（Ernst Lewyの用語Endungslockerheit「語尾のゆるみ」にあたる）。

3.4 cantare habeo これは典型的なロマンス語の形式で、イタリア語、エンガディネ（レトロマン）語、フランス語、プロヴァンス語、カタラン語、スペイン語、ポルトガル語に用いられ、ルーマニア語ではam sǎ cînt "habeo（ut）cantem" の形で用いられる。

4．バルカン地域における未来の表現形式。ここに4つのタイプが見られる（G.R.Solta 1980：215ff.）。1. volo cantare; 2. volo cantem; 3. vult cantem（このvultは非人称で、のちに不変化の小詞となる。これが本来のBalkanismとされる）；4．cantare habeoないしhabeo cantem.

4.1 volo cantareの形式はルーマニア語eu voi cîntá, tu vei cîntá, el va cîntá, noi vom cîntá, voi veţi cîntá, ei vor cîntáに最もよく残っている。ほかに、ブルガリア語の不定未来（unbestimmtes Futur）vide-šta "videbo"（一度見るだろう、たぶん見るだろう）、セルビア語ja ću pisatiあるいは人称代名詞を省略し、不定法の -tiを除去してću（＜hoću私は望む）を後接し pisaću "scribam"、クロアチア語も pisati ćuまたは pisaću "scribam"のように言うが、いずれもラテン語voloに相当するhoćuを文法化した結果である。

4.2 volo cantemのタイプはロマンス語の形式をバルカン的に表現したものである（volo cantare＞フ chanteraiがロマンス語的）。バルカン諸語は、不定法の消失によりut＋接続法を代用する。ルーマニア語voi sǎ cînt "volo cantem" は主語の意思を表し（G.R.Solta）、ブルガリア語šta da píša "volo（ut）cantem"は方言ないし古風な表現とされる。

4.3 vult cantem のタイプ。ルーマニア語 eu o să cînt, tu o să cînţi, el o să cînte, noi o să cîntăm, voi o să cîntaţi, ei o să cînte における o は volo の 3 人称単数 vult に相当する va からきており、今日では非人称的になっている。これと同じ形式がブルガリア語 az šte píša "I'll write", ti šte píšeš "you'll write", toj šte píše "he'll write", nie šte píšem "we'll write", vie šte píšete "you'll write", te šte píšat "they'll write" にも見える。この šte は「彼は望む」の短縮形からきている。『ブルガリア語史』の著者 Stefan Mladenov は šte napíša "scribam" の形式を定未来（bestimmtes Futur）と呼ぶ。アルバニア語 do të shkruaj "scribam", do të shkruash "scribes" などにおける do は dua "volo" の 3 人称単数である。dua të shkruaj とすると "I wish that I write" → "I wish to write" の意味となる。shkoj "ich gehe" の未来人称変化は do të shkoj, do të shkosh, do të shkojë, do të shkojmë, do të shkoni, do të shkojnë となる。これらは現代ギリシア語も同じで "I'll write" の不定未来（現在未来）は tha gráphō[gráfo], tha grápheis [gráfis], tha gráphei[gráfi], tha gráphōme [gráfome], tha gráphete [gráfete], tha gráphoun [gráfun] となる。定未来（アオリスト未来）は tha grápsō, tha grápsēis, tha grápsēi, tha grápsōme, tha grápsete, tha grápsoun となるが、この tha graphō は中世ギリシア語 thè（< thélei "vult"）nà gráphō から来ている。接続詞 nà は古典ギリシア語の hína（ラテン語 ut）である。

4.4 最もロマンス語的な cantare habeo はバルカン語域においては、次の諸形式に受け継がれて存続している。アルバニア語ゲグ方言の未来は kam me ＋ inf. で表現され、"I'll write" の人称変化は kam me shkrue, ke me shkrue, ka me shkrue, kemi me shkrue, keni me shkrue, kanë me shkrue となる。me は "with" の意味の前置詞である。ルーマニア口語に用いられる eu am să cînt, tu ai să cînţi, el are să cînte, noi avem să cîntăm, voi aveţi să cîntaţi, ei au să cînte は不定法の代わりに ut ＋接続法を用いるバルカン語法にしたがっている。

5. ゲルマン語域では、ロマンス語域におけるほど統一的な未来形がない。英語 I shall sing, I will sing は、本来、「義務」（cf.上記2.3の西アルメニア語）や「意思」を表した独立の動詞が文法化したもので、I'll sing のように縮小されると、文法形態素の様相が、いっそう濃厚となる。ロマンス語と異なる点は、未来性が動詞に融合するのではなく、人称代名詞に融合することである。デンマーク語・ノルウェー語も英語と同じように jeg skal synge, jeg vil synge が用いられるが、義務・予定・意思・願望などの話法的なニュアンスを依然として内包しており、近い未来の場合は、これらの話法的（モーダル）な意味を含まない単純現在を用いて jeg synger imorgen（私は明日歌います）のように言う。ドイツ語 ich werde morgen singen というと、「私は明日歌うつもりだ」という話法的な意味が加わる。単に未来のことを表現するためなら、ich singe morgen でよい。特に出発や到着をあらわす動詞の場合である。

　ゲルマン語においては単純時制としては現在と過去しかなく、古い時代には迂言法（periphrasis）による未来はきわめて不完全にしか発達していなかった。ゴート語では接頭辞 ga- をもつ動詞の現在形がギリシア語の未来形を翻訳するのに好んで用いられた。ゴート語 gatimrja ＝ ギリシア語 oikodomēsō「私は建てるだろう」；ゴート語 gasaíhwa ［aí ＝ ε］ ＝ ギリシア語 ópsomai「私は見るだろう」。9世紀の高地ドイツ語福音書 Tatian においても gigarawit ＝ prae-parābit, giheilu＝curābō, giheizzent ＝ vocābunt のように gi- の複合動詞の現在形がラテン語の未来形を訳している。この ga- を Wilhelm Streitberg が perfektivierendes ga-（完了化の ga-）と呼んだのであるが、これが今日のドイツ語やオランダ語では文法化されて、過去分詞の前綴（prefix）となっている。未来の助動詞としてはゲルマン語全般に skal が古くから用いられる。ゴート語にも少数だが、hwa skuli þata barn waírþan（Luk.1:66）＝ tí ára tò paidíon toûto éstai（この子は、いったい、どんな者になるだろう）。Tatian のドイツ語にも scal sīn ＝ erit, trinkan skal ＝

bitūrus sum のように見える。古代ノルド語では skolo のほかに muno が多く用いられる。þar muno eptir gullnar tǫflor finnaz（そこに黄金の将棋盤がふたたび見つかるだろう；巫女の予言60）、þar skolo dyggvar dróttir byggia（そこに忠実な臣下たちが住むだろう；巫女の予言63）。ドイツ語では werden による未来形が徐々に浸透した。ゴート語 saúrgandans waírþiþ［aú = ɔ, aí = ɛ］Joh.16:20 = lupēsesthe（汝らは悲しむであろう）のように、最初は現在分詞とともに用いられ、のちに不定形とともに用いられるようになった。

　オランダ語は、近代ヨーロッパには、めずらしく、ラテン語の未来分詞に相当するものをもっている。"ik zal komen"（I'll come）を hij beloofde（彼は約束した）に埋め込むと hij beloofde te zullen komen = he promised to come となる。ラテン語に訳せば prōmīsit ventūrum esse となろう。不定法つき対格構文（acc.cum inf.）における未来形は古代ノルド語では hann kvezk vaka mundu（= he said he would be awake）のように munu（= shall, will）の過去形 mundu を用いる。この kvezk は kvað sik が融合して i がウムラウトを起こした後に消えたもので、語法的にはラテン語の dīxit sē velle 'he said that he would' にあたる。古代ノルド語では、若干の動詞（特に助動詞）は過去3人称複数を不定法過去（infinitive preterite）に用いる。vildu "voluisse", skyldu "debuisse", まれに fóru "īvisse" のように。

6. その他の言語。以上でロマンス語域、ゲルマン語域、バルカン語域を見てきたので、残る若干の言語について考察する。

6.1 スラヴ諸語（3億）はゲルマン語（4.7億）、ロマンス語（4億）についで、ヨーロッパ第三の大きなグループである（バルカン諸語は0.6億）。スラヴ語の地域はヨーロッパの裏庭（Hinterhof Europas, Gyula Décsy ジュラ・デーチの用語）と呼ばれ、陽のあたる表庭にくらべて、言語的改新（linguistic innovation）を行うことが少ない。だが、ウクライナ語にはヨーロッパ的な改新が見られる。ウクライナ語では、スラヴ語的な búdu pisáti

13

（ロシア語の不完了未来búdu pisát'）と並んでpisátimu（私は書くだろう）が生じている。これはpisáti（書く）とimú（"habeo", 原義"capio", ラテン語emoと同根）の膠着（agglutination）形で、scribere habeo＞フランス語j'écriraiとまったく同じ構成である。この形式はロシア語においてさえ未知のものであり、スラヴ語域では、まだ、まれな現象である。スラヴ語における標準的な未来形式は、依然として、ロシア語の未完了形búdu pisát'（私は書くだろう）と完了形napišú（私は書くだろう、書いてしまうだろう）に代表されるものである。これをかりにラテン語で表せばero scribere（未完了）, conscribo（完了）のようになろう。búdu pisát'（ero scribere）にあたるI am to writeは未来時に関連しているが、「私は書くことになっている」のように話法的な（modal）意味をもっている。conscriboのcon-は語源的にも機能的にもゴート語のga-にあたる（cf.comedere＞スペイン語comer）

6.2 ケルト語。ここには類型的に"cantabo"（アイルランド語）、"cantem"（ブルトン語）、"ero cantans"（ウェールズ語）の三つの形式が見られるが、このうち興味深いのはアイルランド語である。その現代語scríbhaim [ʃgríːm] "I write", ólaim [óːlim] "I drink"に対する未来形scríobhad "I'll write", ólfad [óːlhad] "I'll drink"に見えるf [h]は古代語no charub [xáruv] "amābō"＜*nu（nunc）carābō（この語形はLindsay 1963：492による）におけるb, ラテン語amābō, cantābōのbと同じで、ラテン語とアイルランド語の間の顕著なisoglossである（carābōはラテン語cārusのdenominativeより）。古代アイルランド語の未来の変化表はAugust Schleicherがその『印欧語比較文法綱要』（1861, 18764,1974:824）の中で1. car-ub（語根car, 動詞幹cara-, 愛する）＝*cara-bu, vgl.carē-bō, 2. cair-fe＝*carafe, vgl.carē-bis, 3.cair-fe-d＝*cara-fi-d, vgl. care-bitのように挙げている。アイルランド語とラテン語のこのisoglossを最初に指摘したのは、Vladimir Georgievによると、BerlinのC.Lottner: Über die stellung der Italer innerhalb des europäischen

Sprachstammes. KZ 7（1858）7-49, 161-193で、さいわい、学習院大学にバックナンバーのリプリントがあったので、該当個所を見ると、cairim（amo）, carub（amābō）, cairid（amat）, carthar（amātur）のような未来形とr受動態の共通性が述べられている。これらをもとにA.Meillet（1922）はunité italo-celtiqueを提唱したのであるが、これはノルウェーのケルト語学者C.J. Marstrander（1929）らの批判を受けることになり、その後、C. Watkins（1966）, W.Meid（1968）, K.H.Schmidt（1969）らの専門家によっても、イタリック語・ケルト語の統一性は否定された（もちろんcarub = amābō, carthar = amāturなどの共通性は正しいのであるが）。古代アイルランド語の未来は、上記-f-によるもののほかに、サンスクリット語・ギリシア語・バルト語に共通の-s-形もあり、-f-は弱変化動詞に、-s-は強変化動詞の語根重複形に接辞される（J.Pokorny 1969:66）。do-rímiub "ich werde aufzählen"＜*-rīm-ī-bhwō, cf.alat.venībō; gigis "er wird bitten"＜*gwhi-gwhedh-s-ti（語根重複）。

　　上にSchleicherがvgl.carēbōとして掲げているものはファレリア語（falisco）carefo "ich werde entbehren"にあたるもので、有名な銘文foied vino pipafo, cra carefo = hodiē vīnum bibam, crās carēbōに出てくる。W.P.Schmid（1966：50）はこれをfaliskisches Futurと呼んでいる。

6.3 バルト語は、上掲リトアニア語dúosiu "ich werde geben"に見るように非常に古い-s-未来を保持している。この-s-は生産的で、リトアニア語dìrbti（働く）の現在形で、àš dìrbu, tù dìrbi, jìs dìrbaに対し、未来形はàš dìrbsiu, tù dìrbsi, jìs dìrbsのように人称変化する。ラトヴィア語も同様にdarīt "to do"の現在es daru, tu dari, viņš daraに対し、未来はes darīšu, tu darīsi, viņš darīsとなる。

6.4 ヨーロッパの中の非印欧語を三つほど簡単に見てみよう。ハンガリー語はírni fogok "ich werde schreiben", írni fogsz（szは［s］）"du wirst schreiben", írni fog "er wird schreiben"（主体活用）のように表現するが、

ここに未来の助動詞として用いられる fogni は "fassen, greifen" の意味で、ラテン語で表すと scribere capiō となり、ウクライナ語 pisátimu の構成に一歩近づく。さらに、多くの印欧語で「持つ」の意味の動詞が「つかむ、にぎる」の意味の動詞に由来していることを考えると、ロマンス諸語の scribere habeō の前段階を暗示しているように思える。英語の I have to write（私は書かねばならない）は I shall write（原義：私は書くことになっている）に比して話法的な意味が顕著である。フィンランド語もハンガリー語同様、通常、現在形を未来時にも用いるが、迂言的には olen sanova "ich werde sagen", olet sanova "du wirst sagen", on sanova "er wird sagen" のように言う。これは "sum dīcēns" にあたる。同様に olen tuleva "ich werde kommen", olen kirjoittava "ich werde schreiben" となる。この -va は第一分詞と呼ばれ、saapuva juna (the arriving train, 到着する列車)、lähtövät junat (the leaving trains, 発車する列車) のように付加語的にも用いる。

　バスク語は idatziko dut "escribiré", idatziko duk "escribirás"（男性）、idatziko dun "escribirás"（女性）、idatziko du "escribirá" のように言うが、語幹 idatzi（書く）に -ko がついた形は第三分詞と呼ばれ、ラテン語で（強いて）表せば、"scriptūrum habeō" となる。あるいは、この -ko は「…するために」の意味に用いられる（ikuste-ko 見るために、jate-ko 食べるために、idazte-ko 書くために）ものと同じと考えれば、"lo tengo para escribir" の意味になる。バスク語における -ko の用法は非常に多岐にわたり、P.Múgica はこれに 15 の用法を掲げている。

7. 結論。未来時の表現には、大別して

1. implicit 内示的（cantō のように現在を代用する）
2. explicit 外示的（直説法現在とは異なる形式）
2.1 他の単純形、たとえば接続法（scrībam）
2.2 接辞：ギリシア語 dō-sō "dabō"；ラテン語 cantā-b-ō
2.3 複合形：膠着形：フランス語 je chanter-ai

　　　　分離形：ドイツ語ich werde singen

2.4 不変化の小詞：現代ギリシア語tha dōsō "dabō"

　複合形のうち、特に顕著なのはvolō cantāreのタイプとcantāre habeōのタイプである。

8. 言語の発達には次の三つのタイプがあると思われる。

1. 系譜的発達desarrollo genético（genealógico）

2. 接層的（言語連合的）発達desarrollo adstrático（sprachbúndico）

3. 平行的・散発的発達desarrollo paralelo y esporádico

　これらは未来の表現に関してばかりでなく、音韻・文法・語彙の各方面にも共通していると思われる。未来の表現に関しては、系譜的発達はロマンス語域（cantāre habeō）に最もよく見られ、接層的発達はバルカン語域がその典型であり、平行的発達はゲルマン語域、および多かれ少なかれヨーロッパ全域に見られる。フランスの印欧言語学者Jean Haudry（1979:96）の用語を借りれば、独立の語彙素が文法化され、改新が絶えず行われる（évolution cyclique）。未来表現の一般的な傾向は

　　desiderativo→futuro

　　conjuntivo, potencial→futuro

　　habeō, volō→futuro

のように、文法機能の推移ないし語彙の文法化が行われる。

9. 文献：

Adrados, F.R. 1974. Evolución y estructura del verbo indo-europeo. 2 tomos, 2da ed. Madrid.

Boronkay, A. 1959. Einführung in das Ungarische. 3.Aufl. Halle（Saale）.

Boyle, J.A. 1966. Grammar of Modern Persian. Wiesbaden.

Camaj, M. 1969. Lehrbuch der albanischen Sprache. Wiesbaden.

Décsy, Gyula 1973. Die linguistische Struktur Europas. Wiesbaden.

Fennell, T.G. and H.Gelsen 1980. A Grammar of Modern Latvian. 3 vols. Mouton.

Finck, F.N. 1902. Lehrbuch der neuostarmenischen Litteratursprache.

Marburg.

Georgiev, Vl. 1981. Introduction to the History of the Indo-European Languages. 3rd. ed. Sofia.

Haudry, J. 1979. L'indo-européen. Paris.

Hetzer, A. 1978. Lehrbuch der vereinheitlichten albanischen Sprache. Hamburg.

Hirt, H. 1934. Handbuch des Urgermanischen. Teil 3. Abriss der Syntax. Heidelberg.

Kalitsunakis, J. 1963. Grammatik der neugriechischen Volkssprache. 3.Aufl. Berlin.

Lausberg, H. 1962. Romanische Sprachwissenschaft. Bd.3. Formenlehre. Berlin.

Lewis, H. and Holger Pedersen. 1974. A Concise Comparative Celtic Grammar. 3.Aufl. Göttingen.

Lindsay, M.W. 1894. The Latin Language. Oxford.

Lord, A.B. 1961. Beginning Bulgarian. Mouton.

Meillet, A. 1922. Les dialectes indo-européens. 2e éd. Paris.

Mladenov, St. 1929. Geschichte der bulgarischen Sprache (Grundriss der slavischen Philologie und Kulturgeschichte, Bd.6) Berlin-Leipzig.

Múgica, Plácido, 1969. Afijos vascos. Bilbao.

Naono, A. 1980. ルーマニア語の入門。白水社。

Pisani, V. 1971. Glottologia indeuropea. 4a. ed. Torino.

Pokorny, J. 1969. Altirische Grammatik. 2.Aufl. Berlin.

Porzig, W. 1974. Die Gliederung des indogermanischen Sprachgebiets. 2.Aufl. Heidelberg.

Schmid, W.P. 1963. Studien zum baltischen und indogermanischen Verbum. Wiesbaden.

Senn, A. 1966. Handbuch der litauischen Sprache. Bd.1: Grammatik. Heidelberg.

Solta, G.R. 1963. Die armenische Sprache. (in: Armenisch und kaukasische Sprachen. Handbuch der Orientalistik, 1.7.) Leiden.

Solta, G.R. 1980. Einführung in die Balkanlinguistik. Darmstadt.

10. あとがき。統一テーマにおける菅田茂昭氏の発表"Il futuro nell'italiano e nelle lingue romanze"における未来の類型論 futuro enclitico (cantaré)： futuro sintattico (ギリシア語 tha gráphō) は非常に興味深く、また同氏の

costrutto sintetico→costrutto analitico→costrutto sinteticoの図式はJ.Haudry
のévolution cycliqueを思い出させる。言語の研究においては形式を重視する
か意味を重視するかはH.SweetやO.Jespersenによっても議論された点で、こ
の点、高橋覚二氏の"Expresiones de futur en español"は精密で実証的な研究
であると思われる。ドイツ語ich singe morgenとich werde morgen singenを
くらべると、その差は、後者がmodalな意味を含むことであるが、この点、イ
タリア語についてProf.Aurelio Roncagliaにお伺いしたところ、Parto domani
とpartirei domaniの差はアスペクトの差であるという。そしてpartirei stasera
'I'm leaving this evening'とは言わない、とのことであった。

Germania and Romania（ゲルマニアとロマニア；ゲルマン語地域
とロマンス語地域）『Anglo-Saxon語の継承と変容I』松下知紀・池上忠弘
編、専修大学出版局2009, 147-174.

目次：1. はじめに；2. 準備的作業；3. ゲルマニアとロマニアの交渉；4.
俗ラテン語におけるゲルマン語からの借用；5. ゲルマニアとロマニアの
言語的相違；6. ゲルマン語とロマンス語との文法的共通；7. ゲルマン語お
よびロマンス語の最初の文法書；参考文献；フランス語要旨。

1. はじめに

　ヨーロッパにおける二つの大きな地域であるゲルマニアとロマニアについ
て、主として、言語およびその研究の歴史から考察する。わが国ではゲル
マーニアの表記が定着している（タキトゥス『ゲルマーニア』泉井久之助
訳、岩波文庫、1979）が、ラテン語の呼称ローマーニアはpedanticなので、
ここではゲルマニア、ロマニアと短く表記することにする。この種の便利な
百科事典Der kleine Pauly（5巻, 1964-75）にGermaniaは載っているが、
Romaniaは載っていない。Der neue Pauly(2001)には両方とも載っている。
最後にヨーロッパ諸語における最初の文法書について考察を試みる。

2. 準備的作業。
Germaniaは言語人口1.86億（英語6000万、植民地を含ま
ず、ヨーロッパのみ）

1. Romania は「Roma の地、Roma の領域」の意味だが、Germania の pro-forma になりうる Germa という名はない。Romania は「ルーマニア」をも意味する。

2. Romani は「ローマ人」、Germani は「ゲルマン人、ゲルマン民族」。

3. 単数 germanus（＜ germen「芽、胎児」）は「肉親の；兄弟の」の意味だが、Germani との関係は不明。cf. スペイン語 hermano「兄弟」、hermana「姉妹」

4. 元素 germanium はあるが、romanium はない。rare earths nr.57-71 の中に Europium 63, Lutetium 71 なる元素あり。

5. lingua Romana「ローマの言語、俗ラテン語、イタリア語」、lingua romanza「ロマンス語」、le lingue romanze「ロマンス諸語」に対して、フランス語は romaniques を使わず、les langues romanes という。英語は Germanic にならって Romanic とすれば総称的に響く。Slavic, Baltic, Semitic, Hamitic, Uralic, Finno-Ugric, Turkic は、-ic が総称的に用いられている。だが英語は Romance languages が定着した。Otto Jespersen は Romanic languages, Romanic literatures と言っている。

6. 文献開始は、ゲルマニアに関しては西暦 4 世紀のゴート語訳聖書、8 世紀古代英語 Beowulf『ベーオウルフ』（悪魔の化身である龍を退治する英雄の名）、8 世紀古代高地ドイツ語の Hildebrandslied『ヒルデブラントの歌』、9 世紀古代サクソン語 Heliand『ヘーリアント、救世主』、13 世紀古代アイスランド語『エッダ、神話・英雄伝説』などがある。ロマニアに関しては、ラテン語も含めれば、Plautus の紀元前 3 世紀だが、ロマンス語となると、西暦 8 世紀以後であり、かなりの分量の作品は 11 世紀ごろから始まる。Antonio Tovar は 6 世紀まではラテン語、ロマンス語は 8 世紀以後としている。その間は流動的である。

7. 三点セットと筆者は呼んでいるが、特に古い言語の場合、その学習ないし研究は、文法書、テキスト、語彙（語源辞典）の三つが必須である。その意味で、『ロマンス語語源辞典』Romanisches etymologisches Wörterbuch

（Meyer-Lübke, 3.Aufl. Heidelberg, 1935, 5.Aufl. 1972）はあるが、それが得意なはずのドイツに『ゲルマン語語源辞典』Germanisches etymologisches Wörterbuchは、まだ、ない。同様に、『ロマンス諸語比較文法』4巻 Grammatik der romanischen Sprachen（Meyer-Lübke, Leipzig, 1890-1902, reprint Hildesheim, 1972, lxvi, 2391pp. DM 468,-）はあるが、『ゲルマン諸語比較文法』Vergleichende Grammatik der germanischen Sprachenは、まだ、出ていない。それに代わるWilhelm Streitbergの『ゲルマン祖語文法』Urgermanische Grammatik（1896, reprint 1974[4]；川島敦夫訳『ゲルマン祖語文法』2018）, Herman Hirtの『ゲルマン祖語ハンドブック』3巻 Handbuch des Urgermanischen（Heidelberg, 1931-34）　やEdward Prokosch『ゲルマン語比較文法』A Comparative Germanic Grammar（Linguistic Society of America, Baltimore, 1938）があり、未見ながら、Viktor Zhirmunskijの『ゲルマン諸語比較文法』4巻Slavnitel'naja grammatika germanskih jazykov（Moskva, 1962-66）があるとされる。しかし、その規模から言って、Meyer-Lübkeに匹敵するゲルマン語比較文法は、まだ出ていないと思われる（Jacob GrimmのDeutsche Grammatik, 4巻、1822-1837は、その書名にもかかわらず、ゲルマン諸語比較対照文法となっている）。また、ゲルマン語語源辞典に代わるものとしてSigmund Feistの『ゴート語比較辞典』Vergleichendes Wörterbuch der gotischen Sprache（3.Aufl. Leiden, 1939, Winfred P.Lehmannによる英訳改訂版 Leiden, 1986）がある。材料的にはすでにGrimm兄弟がDeutsches Wörterbuch（1854-1961）で着手しており、ドイツ語・ゲルマン語起源の見出し語には同系のゲルマン語形が併記されている。これは『オックスフォード英語辞典』Oxford English Dictionary（1933, 第2版1989, 20巻）も同様で、これには英国方言形もあげられている。August Fick編の『印欧諸語比較辞典』Vergleichendes Wörterbuch der indogermanischen Sprachenの第3部をなすAlf Torp『ゲルマン語統一語彙』Wortschatz der germanischen

Spracheinheit（Göttingen, 1909, 5.Aufl. 1979）は主としてゴート語と古代ノルド語を見出し語としている。古いが、当時、どのような取り組み方がなされていたかを知ることができる。Hjalmar Falk と Alf Torp の『ノルウェー語・デンマーク語語源辞典』Norwegisch-dänisches etymologisches Wörterbuch（Heidelberg, 1910）は Jan de Vries の『古代ノルド語語源辞典』Altnordisches etymologisches Wörterbuch（Leiden, 1957-60, 2.Aufl. 1962, 3.Aufl. 1977）が出るまでの重要な道具であった。

8. ゲルマン文献学の創始者は Grimm 兄弟であり、ロマンス文献学の創始者はフリードリッヒ・ディーツ Friedrich Diez（1794-1876, Bonn）で、ともにドイツであった。スラヴ文献学はフランツ・ミークロシチ Franz Miklosich（1813-1891, Wien）の『スラヴ語語源辞典』Etymologisches Wörterbuch der slavischen Sprachen（Wien, 1886）、『スラヴ諸語比較文法』4巻 Vergleichende Grammatik der slavischen Sprachen（Wien, 1852-75）に始まり、フランスよりも早い。『ロマンス文献学大系』2巻（Grundriss der romanischen Philologie, hrsg.Gustav Gröber, Strass- burg, 1897-1906）と『ゲルマン文献学大系』3巻（Grundriss der germanischen Philologie, hrsg. Hermann Paul, Strassburg 1900-1909）は、ともに、ドイツの学問の成果であった。

9. 第25回国際ロマンス言語学および文献学会議 Congrès International de linguistique et de philologie romanes が2007年9月3日－8日に Innsbruck で開催された。ゲルマン語に関してこの種の国際会議は筆者には未見である。わが国に限って言えば、日本ロマンス語学会（創立1967, 小林英夫、早稲田大学）はあるが、日本ゲルマン語学会は、まだ、ない。また、『ロマンス語比較文法』（片岡孝三郎、5巻、朝日出版社、1982）、『ロマンス語学年表』（早稲田大学、1985）があるが、これに相当するゲルマン語はない。『ゲルマン語読本』（Germanisches Lesebuch, 大学書林、1995）はあるが、『ロマンス語読本』（Romanisches Lesebuch）は、ない。

3. ゲルマニアとロマニアの交渉。

ゲルマニアとロマニアの交渉を扱ったものにガミルシェク Ernst Gamillscheg の『ゲルマン語的ロマニア』Romania Germanica（3巻、Berlin, 1934-36）は副題をゲルマン民族の旧ローマ帝国の領土における言語と移住の歴史 Sprach- und Siedlungsgeschichte der Germanen auf dem Boden des alten Römerreichs と称し、Hermann Paul 編のゲルマン文献学大系 Grundriss der germanischen Philologie の第11巻をなし、3巻で1000頁を越す大著で、地名を主材料にゲルマニアとロマニアの交渉を論じたものである。ブルグンド王国（Burgunderreich）はニーベルンゲンの歌（Nibelungenlied）の主要舞台であるが、本書を見ると、ブルグンド名が今日のフランスのコート・ドール Côte-d'Or (Dijon)、ソーヌ・エ・ロワール Saône-et-Loire (Mâcon)、ベルフォール Bel-fort (Belfort)、ジュラ Jura (Lons-le-Saunier)、ドゥー Doubs (Besançon)、アン Ain (Bourg-en-Bresse)、に広がっていたことが分かる。特に顕著なのは -ingôs-Namen（と Gamillscheg が呼ぶ地名）で、オーダン Audens (Doubs)、アトザン Athesans (Haute-Saône)、バナン Baneins (Ain)、ブルナン Brenans (Jura)、シャンベラン Chambéreins (Ain)、ドゥーラン Douerans (Belfort)、ゴーダン Gôdens (Côte-d'Or) など、第3巻 pp.71-94 にわたって列挙されている。-ingôs は Göttingen, Tübingen, Thüringen に見える語尾と同じで、「…の一族の者たち（の領土）で」という複数与格からきている。-ôs はゴート語 dagôs "die Tage" にあたる。Gamillscheg (1887-1971) は Tübingen 大学ロマンス語教授で、『フランス語語源辞典』Etymologisches Wörterbuch der französischen Sprache (Heidelberg, 1926-28) の著者であった。

フランスとドイツの国境地帯にはミュルーズ Mulhouse (Mühlhausen, 水車の家)、Strasbourg (舗装道路のある町) など、ドイツ語が明瞭に見られ、スペインの都市ブルゴス Burgos はゴート人が支配した時代に「城、町」と呼んだ結果である（burg は Hamburg の後半）。Andalucía は Vandal 人（東

ゲルマン人）の国の意味である。スイスのヌシャテル Neuchâtel（新しい城）はゲルマン語的な語順を示しており、同じ意味のChâteauneufはロマンス語的語順で、フランスの数か所の町の名になっている。

　フランスにおけるノルド語起源の地名もロマンス語とゲルマン語の接触 romanisch-germanische Berührung の分野に入る。これはヴァイキングがもたらしたものである。ノルマンディー Normandie はデンマーク語 normand（北欧人）に国の接尾辞 ie（Italie, Russie, Scandinavie, Yougoslavie）がついたものである。地名ブリクベック Bricquebec, クラルベック Clarbec, ロベック Robec にはノルド語 bekkr（小川）が入っている。ディエップダル Dieppedalle には djúpr（深い）と dalr（谷）が入っている。ブクロン Bouquelon（ブナの森）には bók（ブナ）と lundr（森）が入っており、イクロン Yquelon（樫の森）には eik（樫）と lundr（森）が入っている。港町ディエップ Dieppe は、ヴァイキングたちが船でやって来たとき、ここは「深い、接岸できる」と言ったのが地名になった。これらは nordisches Superstrat（ノルド語上層）の例であり、白い blanc, 褐色の brun, 戦争 guerre は fränkisches Superstrat（フランク語上層）の例である。

4. 俗ラテン語におけるゲルマン語からの借用語

　俗ラテン語におけるゲルマン語からの借用語（les mots germaniques en latin vulgaire）。永遠の都ローマに誕生したラテン語は、近隣諸国に甚大な精神的・文化的な贈り物を提供した。ローマ人が野蛮人と呼んだゲルマン人は、彼らに提供すべき語彙を持っていただろうか。しかり、あるにはあった。しかし、その数はほんの一握り。日本語に入った英語の数と英語に入った日本語の数を比べるようなものであろう。ヴェイッコ・ヴァーナネン Veikko Väänänen の『俗ラテン語入門』Introducción al latín vulgar（1971, p.139-140）はゲルマン語とケルト語を野蛮人の言語と呼び、ゲルマン語からの借用語として burgus（城）、brutis（義理の娘、cf.bride）、ganta（ガン、wild goose）、hosa（ズボン）、sapo（石けん）、suppa（スープ）、companio（仲

間、ゴート語gahlaiba, パンを一緒に食べる者、翻訳借用）をあげている。借用語は、一般に、文化の高い言語から低い言語にむかって行われる。スウェーデン語からフィンランド語へ、スペイン語からバスク語へ、フランス語からルーマニア語へ、のように。この逆がGermanic into Vulgar Latinだが、上記のほかに、次のものがあげられる。bancus（長椅子、イタリア語 banco 'Ladentisch', cf. banca 'Bank'（勘定台→銀行、cf. Meyer-Lübke 933）, bannus（裁判権, Niemeyer, 'un ordre émi solennellement en vertu du pouvoir public';cf. bann（frank. 'Befehl unter Strafanordnung', Meyer-Lübke 933a.), bison, pl.bisontes（野牛, aussi uīsōn, germ. cf.ahd. wisant, wisunt), boscus（森, Niemeyer, 'un bois, terrain boisé, sp.bosque, it.bosco, e.bush, d.Busch), burgensis（市民, mit lat.Suffix), canna（花瓶またはポットの一種, Du Cange, canna 4, Ernout-Meillet, germ.ahd. channa, nhd.Kanne), framea（投げ槍、lance germanique, Speer der Germanen, germ.Lehnwort, Leo Meyer, Kuhns Zeitschrift, vi, 424f.＜idg.*per- 'strike', *prem-, lat.pr-em-it 'il presse', pr-es-sit 'il pressa', germ. fram-ja 'instrument qui presse, forme latinisée framea), glaesum（琥珀, richtiger glesum 'Bernstein, ambre', originaire de Germanie, Aestii, nach dem Zeugnisse des Tacitus, Germ.45, und Plinius, Naturalis Historia, xxxvii, 42, germ.Wort, idg.*ghel- 'glänzen', glaber 'glatt'), marcha（地域, 国境地帯＜*markōn, cf.Denmark, Steiermark, Finmark, Telemark, cf.Meyer-Lübke 5364, germ.marka 1. 'Zeichen', 2. 'Grenze', 5365 'ein halbes Pfund Silber oder Gold', seit der zweiten Hälfte des 9.Jh.als Münzeinheit), marco, marcare（行進する）, melca（凝固ミルク料理, ein wesentlich aus saurer gewürzter Milch bestehendes Gericht', lat. lait coagulé mélange d'épices', aus germ. Sippe von got. miluks 'Milch', lat. mulgeō), reno, renonis（毛皮, Tierfell mit den Haaren nach aussen als Kleidung, Pelz. Wildschur, vêtement en peau de renne, germ.Wort, aus *vreno, Schrader, Sprachvergleichung 474; Ernout-Meillet, mot germanique), spelta（スペルト小麦, originaire de Pannonie d'après St. Jérome, ae.spelt, ahd.spelza, und auch durch Rückentlehnung aus dem Spätlat. auch spelt, Schrader, Sprachvergleichung 424), taxo（アナグマ, aus *þahsa, ahd.dahs 'Dachs', altniederdeutsch Ortsname Thahshem), uargus（浮浪者, mot latin tardif d'origine germanique, vieux-norrois vargr 'loup, lupus', wadium（質、担保＜got.wadi 'gage', c.360).

5. ゲルマニアとロマニアの言語的相違

ゲルマニアとロマニアの言語的相違を、文化的な単語book, それに関連するdictionaryとlibrary, 近代文明語university, 自然の分野からmountain, river, forestについて見てみる。いずれも日常の基本語である。

英語	book	dictionary	library
オランダ語	boek	woordenboek	bibliotheek
ドイツ語	Buch	Wörterbuch	Bibliothek
スウェーデン語	bok	ordbok	bibliotek
デンマーク語	bog	ordbog	bibliotek
ノルウェー語	bok	ordbok	bibliotek
アイスランド語	bók	orðabók	bókasafn

「本」については、ゲルマン語共通で、本来語、固有語（native word）が用いられている。「辞書」は英語だけフランス語（もとはラテン語）で、その他の言語はnative wordのみを用いた複合語である。オランダ語以下は「単語の本」で、純粋な言語材を用いている。スウェーデン語から翻訳借用（translation loan）されて、フィンランド語ではsanakirjaとなる（sanaサナ、単語、kirjaキルヤ、本）。Jacob Grimmによると（Deutsches Wörterbuch, 序文）、Wörterbuchという単語は17世紀にはまだ存在せず、1719年に低地ドイツ語Niederdeutschの辞書にwoordenboek（オランダ語と同じ）が用いられ、その他のゲルマン語にも普及した。ギリシア人、ローマ人は「辞書」という概念をもっていなかった。ギリシア語のlexikónやラテン語の

dictionariumは、後になって作られた。「図書館」は英語のlibraryがラテン語のlibrarius（本の）からで、「家」とか「建物」という名詞が省略されたものと思われる。オランダ語以下はギリシア語bibliothêkē（本の置き場所）より。thêkēはapothek（薬の置き場所、薬局）、diskothek（レコードの置き場所）にも見え、印欧語根*dhē-（置く）からきている。アイスランド語bókasafn（本の収集）は純粋なゲルマン語で、後半はドイツ語のSammlung（収集）と同じ語源である。

　同じものをロマンス語について見ると、

フランス語	livre	dictionnaire	bibliothèque
スペイン語	libro	diccionario	biblioteca
ポルトガル語	livro	dicionário	biblioteca
イタリア語	libro	dizionario	biblioteca
ルーマニア語	carte	dictionar	bibliotecā

　「本」はルーマニア語のみ異なり、これはラテン語carta, その前はギリシア語khártaから来ている（cf. Magna Charta大憲章）。「辞書」と「図書館」は、ゲルマン語の場合と大差はない。bibliothekのヨーロッパ的普及はBC280年ごろ、プトレマイオス1世が建てたアレクサンドリアの有名な図書館（50万冊を集めた）によるものであろう。

　「学校」と「大学」について見ると、ともにschoolとuniversityが全欧的に普及しているが、universityはアイスランド語がháskóli［ハウスコウリ］で、ドイツ語のHochschuleと同じ語構成である。現代ギリシア語はpan-epistêmio［panistímio］という。これは「すべての科学」の意味で、ラテン語で表せばomni-scientiaとなる。

　「山」「川」「森」を見てみよう。

英語	mountain	river	forest
オランダ語	berg	rivier	bos
ドイツ語	Berg	Fluss	Wald

スウェーデン語	berg	flod	skog
デンマーク語	bjerg	flod	skov
ノルウェー語	fjell	elv	skog
アイスランド語	fjall	á	skógur

　英語は山・川・森の三者ともフランス語より。オランダ語は「川」がフランス語から来ている。オランダ語の「森」は小さい森がbos（フランス語boisはここから来ている）、大きい森がwoudとある。mountainはラテン語terra montanea（山の多い土地）、fjell, fjallはドイツ語Fels（岩山）と同じ語源、riverはラテン語ripa（岸）からで、arriveの語源でもある（ad-rīpāre岸に着く）。Fluss, flodは「流れ」の意味のゲルマン語、elvもゲルマン語、áはラテン語aqua, ゴート語ahwaで、印欧語的な単語である。forestはsilva forestis（外の森、自分の敷地の外にある森）の形容詞が残った。ドイツ語Waldはwild（荒れた）と同根、skogはノルド語共通。

フランス語	montagne	rivière	forêt
スペイン語	montaña	río	bosque
ポルトガル語	montanha	rio	bosque
イタリア語	montagna	fiume	foresta
ルーマニア語	munte	rîu	pădure

　「山」は形容詞「山の多い」より。ルーマニア語のみはラテン語mons, montis（山）より。「川」のイタリア語はラテン語flūmenで、原義は「流れ」である。スペイン語・イタリア語・ルーマニア語のríoなどは語根*rei-（流れる）より。「森」のbosqueはゲルマン語からで、英語bush，ドイツ語Busch（cf.huis ten bosハウス・テン・ボス）と同じ。ルーマニア語の「森」はラテン語palūs, palūdem（沼）より。

　このような基本語も、ゲルマン語域とロマンス語域の間で貸し借りがあることが分かる。フランス語blanc（白い）、bleu（青い）、gris（灰色の）はゲルマン語から入った。blancはスペイン語blanco, ポルトガル語branco, イ

タリア語biancoまで達した。ゲルマン民族がローマ人と接するようになってからの文明語彙は、当然のことながら、ラテン語、または、フランス語を通してゲルマン諸語に入った。wine, beer, cook, kitchenなどの食事や料理関係はラテン語から入ったものである。また、church, ドイツ語Kircheなどは、ギリシア語kyriakón（dôma）「主の（家）」の名詞が省略された結果である。フランス語église, スペイン語iglesia, イタリア語chiesaはラテン語ecclesiaからで、「集会」の意味のギリシア語から来ている。

6. ゲルマン語とロマンス語の文法的共通性

　文法に関しては、ゲルマン諸語、ロマンス諸語に共通に見られる言語的改新（linguistic innovation, sprachliche Neuerung）があげられる。これは近代ヨーロッパ的改新（neueuropäische Neuerung）と称することができよう。European syntaxとも呼ばれ、定冠詞の発達、完了時制の発達、habeo構文（私は持っているの表現）の発達、be動詞、have動詞の文法化などを指す。European syntaxについては、Travaux du Cecle Linguistique de Copenhague, Vol.XI（1957）の中でPierre Chantraine, Franz Blatt, Werner Betz, Giacomo Devoto, Per Nykrog, Alf Lombard, L.L.Hammerich, Knud Sørensen, Alf Sommerfelt, Adolf Stender-Petersen und Knud Jordalなどが論じている。

　ラテン語ille rēx（彼・王、あの王）からイタリア語il re, スペイン語el rey, フランス語le roiが、ラテン語rēx ille（王・彼、あの王）から後置定冠詞形のルーマニア語rege-leが発達した。ロマンス語の名詞はラテン語の対格形に由来しているので、ルーマニア語のregeに最も明瞭に見ることができる。定冠詞はロマンス語からゲルマン語にも入り、the king, der König, スウェーデン語kung-en, アイスランド語konungur-innとなった。不定冠詞は発達が遅く、アイスランド語や現代ギリシア語には、まだ発達していない。また、ノルウェー語では、英語やドイツ語なら不定冠詞を用いるところを、不定冠詞なしの場合が多いことは、本を読んでいると、容易に気づく。

29

ゴート語やエッダ（古代アイスランド語）には定冠詞も不定冠詞も発達していなかった。エッダでは「太陽が黒くなり、大地は海に沈む」（sól tér solna, sígr fold í mar）において、太陽（sól）も、大地（fold）も海（mar）も定冠詞がない。冠詞が伝播した順序はロマニアからゲルマニアに向かってであった。the book, a book, das Buch, ein Buch, le livre, un livre のような冠詞は、最古のゲルマン語（ゴート語、ノルド祖語）にはない。ヨーロッパの裏庭（Hinterhof Europas, Gyula Décsy ジュラ・デーチ 1973 の用語）と呼ばれるバルト語とスラヴ語には、まだ発達していない。ブルガリア語には、他のバルカン諸言語にならって後置定冠詞が発達している（kniga-ta 'book-the, the book'）。

I have written a book, ich habe ein Buch geschrieben, j'ai écrit un livre のような完了形も、最古の時代にはまだなくて、俗ラテン語 habeo scriptum librum（私は本を書いた）をもとにして作られたものである。ロシア語やポーランド語では 'have' の代わりに 'be' を用いて、ロシア語 ja napisal knigu（I written book, 私は本を書いた）という。ロシア語では 'be' の現在形 jesm' は省略される。have ＋過去分詞の形式は過去完了や未来完了などの複合時制にも拡張され、言語の表現を豊富にした。フィンランド語も 'have' をもたないので、I have written a book を I am written a book のように言う。

所有の表現はギリシア語 moí esti éna biblíon（私に一冊の本がある）、ラテン語 mihi est liber（私に本がある）、ドイツ語 bei mir ist ein Buch（私のところに一冊の本がある）、ロシア語 u menjá kníga（私のもとに本がある）、フィンランド語 minulla on kirja（私のもとに本がある）のように所有者を斜格（oblique case）に、所有物を主格に置いて、存在動詞 'be' を用いて「私に…がある」とするのが本来の表現であった。今日の西欧諸語における have, haben, avoir の広範囲な使用は近代ヨーロッパ的改新である。have の目的語は I have father and mother, two brothers, a cold, a fever, a headache, ich habe Hunger 私はおなかがすいた，ich habe Durst 私はのどがかわいた，

j'ai mal à la tête 私は頭が痛い、のように多方面にわたる。最後の「私は頭が痛い」は、スペイン語では me duele la cabeza（私に頭が痛む）のように「頭」が主語になり、この点、ロシア語の u menjá bolít golová（私において頭が痛む）と共通している。

　ギリシア語・ラテン語のような屈折の豊富な形式が単純化（simplification）するのがゲルマニアでもロマニアでも共通に見られる現象であるが、その度合いは言語によって一様ではない。ヨーロッパの言語的な特徴を declension と conjugation について見ると、概略、次のようになる。

南ヨーロッパ	曲用単純化（less declension）
	活用豊富（rich conjugation）
北・西ヨーロッパ	曲用単純（poor declension）
	活用単純（poor conjugation）
中部ヨーロッパ	曲用中程度（fair declension）
	活用中程度（fair conjugation）
東ヨーロッパ	曲用豊富（rich declension）
	活用豊富（rich conjugation）

　この特徴づけは相対的なものであり、絶対的ではない。北ヨーロッパの最北端にあるアイスランド語は、古代ノルド語からの文法性3つ、格4つ、豊富な人称語尾を1000年間変えることなく、忠実に保持してきた。これは言語地理学（geolinguistics）の「古形は辺境地域に残る」（Marginaltheorie, norma dell'àrea laterale, Matteo Bàrtoli, 1925）によって説明しうる。

　それとは別に、顕著なことが一つ見られる。それは、北・西・南（およびこれらに隣接している中部）ヨーロッパの諸言語が改新（innovation, Neuerung）に積極的であるのに対して、ヨーロッパの内陸部にある東ヨーロッパ（スラヴ諸語とバルト諸語）は改新に消極的であり、保守的であるということである。

　ヨーロッパを東西に分けると、総じて、

東ヨーロッパ：屈折保存の傾向（flexionsbewahrend）

西ヨーロッパ：屈折減少の傾向（flexionsreduzierend）を示す。

人称語尾の弱体化は英語が好例であるが、デンマーク語・スウェーデン語・ノルウェー語では人称変化がなくなり、I am, you are, he is, we are, you are, they areのような動詞もすべて同じerとなり、英語以上に単純化が進んでいる。

屈折孤立化（Flexionsisolierung）はレーヴィ Ernst Lewy（1942）の用語だが、これは、西欧諸語の特徴である。ラテン語capitis（頭の）とフランス語de la têteをくらべると、フランス語では概念（Begriff, 頭）、類（Klasse, 女性）、格（Kasus, 属格）が別々に表現されるのに対して、ラテン語では三つの文法範疇が一つの形式で表現される。ドイツ語des Kopfesは属格が冠詞と名詞の両方に繰り返されている点で、屈折語の特徴を示し、ラテン語とフランス語の中間の状態にあると言える。一方、英語of the headはフランス語の類（名詞類＝文法性）が消失したという点で、文法形式の単純化が、さらに一歩進んでいる。英語やフランス語のような表現形式は、多かれ少なかれ、近代ヨーロッパ諸語に見られるが、とくに大西洋地域（atlantisches Gebiet）に顕著に見られる。Lewyはこれを屈折孤立化と呼び、ヨーロッパの言語史・精神史上、重要な概念であるとしている。the King of England's Palace（英国王の宮殿）、the man I saw yesterday's father（私が昨日会った人の父、Henry Sweetの例）の所有の'sに見るような語尾の緩み（ゆるみ、Endungslockerheit）も、屈折孤立化の現象であり、the University of Chicago Press（シカゴ大学出版部, theはUniversity of Chicago全体の前につく）も類似の現象である。

英語に広範囲に普及したs-pluralがオランダ語にも普及している。vaders "fathers"は強変化、boeken "books"は弱変化だが、その指示形boekje（小さな本）の複数はboekjesとなる。-sは西ロマンス諸語にも共通している。数詞einundzwanzig（ein-und-zwanzig）の順序はドイツ語・オランダ語・

デンマーク語に依然として残る。英語も古くはドイツ語と同じ順序で、one and twenty式だった。Daniel DefoeのRobinson Crusoe（1719）にはsix and twenty yearsとかfour and twentieth yearなどと出てくる。ノルウェー語は1951年以後twenty-oneの順序となった。スウェーデン語では、もっと早かった。二十進法（vigesimal system）の名残がフランス語（quatre-vingts「4×20」＝80）やデンマーク語（fir-sinds-tyve「4×20」＝80）に残る。

　語法（phraseology）の例として「おはよう」と「こんにちは」の区別がある英語やドイツ語（good morning, guten Morgen）と、区別のないフランス語やスペイン語（bonjour, buenos días）とか、ことわざ「ローマは一日にして成らず」の表現の相違、フランス語Paris n'a pas été bâti en un jour（パリは一日にして成らず）、スペイン語ではNo se ganó Zamora en una hora（サモラ城は1時間で陥落したのではなかった；1072年の故事）、ロシア語ではNe v odín den' Moskvá stróilas'（モスクワは1日にして成らず）。

7. ゲルマン語およびロマンス語の最初の文法書

　本稿がゲルマニアとロマニアと称しているように、中世ヨーロッパはラテン語が、あらゆる分野において支配していた。神学、哲学、医学、法学（この四学部が大学成立の条件であった）の書物はすべてラテン語で書かれ、文法書もそうであった。ヨーロッパ諸語の文法が現地語（vernacular languages）で書かれるようになったのは、15世紀以後である。その例として、First Grammatical Treatise（12世紀中葉、著者不明；Einar Haugen刊, 1976[2]）William Bullokar（1586）, P.Gr.（Grammatica Anglicana, 1594）, Christian Gueintz（1641）, Ludvig Kock（c.1660）, Peder Syv（1663）, Erik Pontoppidan（1668）, Peder Syv（1685）, James Harris（1751）, Adelung（1781, 川島敦夫訳『ドイツ語文法、18世紀のドイツ語』土浦, 2017）, J.Palsgrave（1530）, Nebrija（1492）を見てみる。これは1992年5月岩手大学で開催の日本ロマンス語学会における統一テーマ「ロマンス語の最初の文法書」

での発表にもとづいている。

　近世初期における文法書に共通して見られる顕著な特徴は、文法を4つの部門に分けて、orthographia（音論）、prosodia（音節、音量、アクセント）、etymologia（＝ Wortlehre 語論、すなわち形態論と語形成）、syntaxis（格、時制、一致、語順など）としていることである。また、言語一般に考察を加えているものも多く、その場合には、必ずと言ってよいほど、ヘブライ語がすべての言語の母であり、ラテン語とかドイツ語は、その成れの果てとしていることである。ヘブライ語が祖語とは言えないという考えにいたるには、1781年、Adelung（アーデルング）まで待たねばならなかった。

　Etymologia における分類の基礎は8品詞、すなわち、nomen, pronomen, verbum, participium, adverbium, praepositio, coniunctio, interiectio である。Nomen の accidentia として genus, numerus, casus, declinatio, comparatio, figura, species があげられている。accidentia は今日の文法範疇（grammatical categories）にあたる。verbum の accidentia として genus, tempus, modus, persona, numerus, coniugatio, figura, species があげられる。accidentia は屈折と語形成（Flexion und Wortbildung）を含む。accidence という用語は20世紀になってからは、G.O.Curme を除けば、もはや使われない。figura と species も今日は使われないが、ともに語形成の二区分で、figura は simplex （grand, dō）と composita（grand-père, vendō ＜ vēnum dō）を、species は primitiva（grand, mors）と derivata（grandeur, mortālis）を指す。ギリシア語の例をあげれば、species の primitiva は híppos（馬）、polemós（戦い）、その derivata は hippeúō（馬に乗る）、poleméō（戦う）である。

　ゲルマン語最初の文法論と呼ばれる本は12世紀中葉、著者不明の古代アイスランド語の発音で、Einar Haugen 版 First Grammatical Treatise（The earliest Germanic phonology, an edition, translation and commentary, London, Longman, 19762）に詳細が見られる。書名は fyrsta málfrœði-ritgerðin となっている。著者はラテン語の文法に通じ、英語の知識もあった

とされる。母音をraddarstafir（声の文字）、子音をsamhljóðendr（一緒に響くもの, consonantsを訳した）と表現しているのは面白いと思うが、綴り字がG.T.Zoëga の A Concise Dictionary of Old Icelandic（Oxford , 1910）と異なり、fær（'he gets'）をfer, hár（'hair'）をharと書いている。Geir Tórnasson Zoëga（1857-1928）は first master in the Grammar School of Reykjavík で、エッダやサガを読む人は必ずお世話になったはずである。

　1586 William Bullokar：Bref Grammar for English. London. 英語文献翻刻シリーズ第1巻。pp.107-61, 原典本文68pp. 大塚高信解説。南雲堂1971. 古いというだけで、内容はつまらない。綴り字が恐ろしく読みにくい。品詞はnoun, pronoun, verb（以上declined）、participle, adverb, conjunction, preposition, interjection（以上undeclined）となっている。nounの中にnoun-substantive, noun-adjectiveを含んでいるのはラテン文法以来の伝統である。格はnominative, accusative, gainative（dativeの代わりに獲得格という妙な名称を用いる）、vocative, genitiveの五つとしている。動詞の分類はverb-active（他動詞）、verb-substantive（"be"）、verb-neuter（自動詞）、verb-possessive（"have"）、verb-neuter-unperfect（助動詞）としている。時制はpresent, preter（preter, preter-perfect, preter-pluperfectを含む）、futureである。

　1594 P.Gr.［Paul Greaves］：Grammatica Anglicana. Cambridge. 同上、pp.167-205, 原典本文71pp. 渡部昇一解説。ラテン語で書かれているが、中身はBullokarよりもずっと読みやすい。本文（Grammatica Anglicana）は（i）de etymologia（形態論）、（ii）de syntaxiの二部に分かれ、Dictionariolum（anglo-latinum）、Analysis Grammatica, Vocabula Chauceriana を含む。動詞についてはsimplex anomalia（sit, sate; make, made; take, took）、duplex anomalia（get, gate-got; drink, drank-dronk）のように過去形が1形のみのもの、過去に2形あるものに分け、過去分詞を変化表に入れていない（過去形gateのアプラウトはゴート語を思い出させ

る）。強変化動詞の分類などはない。過去時制はpraeteritum（I hated）、secundum praeteritum（I have hated）、tertium praeteritum（I had hated）の三つである。

1641 Christian Gueintz（グヴァインツ）: Deutscher Sprachlehre Entwurf.『ドイツ文法草案』Coethen. 125pp. Documenta Linguistica. Hildesheim, Olms Verlag, 1978. 第1部（Das Erste Buch）音論・形態論と第2部（Das Zweite Buch）Von der Wortfügung（統辞論）から成る。ドイツ語の起源については、大部分の単語がヘブライ語から来ている、としている。文字（Buchstaben）はselbstlautende（母音）とmitlautende（子音）に分ける。語形成（第4章 Wortforschung）については、単語をursprungliche と entspringliche に分ける（今日の用語はeinfacheとabgeleitete）。前者の例はMensch（人間）、Liebe（愛）で、ともにヘブライ語Enosch人間、Leb心、から来ているとしている。後者の例はmenschlich（人間的）、lieblich（愛らしい）、である。変化しうる（wandelbar）語はZeit（時）のあるものとないものに分けられ、Zeitのないものは Nenwort（名詞）と Vornen-wort（名詞の前の語）に分けられる。文法性について、das weib（女）がなぜ中性であるかというと、女性は、ほとんどungeheuer（怪物のような）であるから、そして Aristoteles もそう呼んでいるから、などと述べている。格（casus, fal）は、ラテン語と同じく6個あり、それらはNen-endung（名格）、Geschlechts-endung（種族格、属格）、Geb-endung（与格）、Klag-endung（訴え格、casus accusativusを訳したもの、ラテン語はギリシア語ptôsis aitiatikê を誤訳したもの）, Ruf-endung（呼ぶ格）, Nem-endung（奪う格、Ablativ）である。動詞の活用類には4種をあげ、I. ich liebe, liebete, habe geliebet, II. ich sehe, ich sahe, III. ich beisse, ich biss, IV. ich schelte, ich schalt である。過去時制に fast-vergangene（= imparfait）、vergangene（= passé composé）、längstvergangene（= plus-que-parfait）の三つをあげている。受動態（passiva）を die leidenschaftliche verenderung と表現してい

る。現在完了ich bin gewestの過去分詞はオランダ語（ik ben geweest）にそっくりだ。分詞（第17章Vom Mittelworte）としてliebender, geliebterをあげている。最後に（pp.122-125）ラテン語・ドイツ語の術語（Technica, Kunstwörter）89項目の対訳を掲げている。二三拾うと、Germanismus（Die Deutschheit oder Deutsche sprache）, Orthographi（Wortschreibung）, Prosodia（Wortsprechung）, Etymologia（Wortforschung）, Simplex（Untheilbar）, Composita（Theilbar）, Declinabile（Wandelbar）, Indeclinabile（Unwandelbar）, Casus（Ein fal ist unverstendlich/ und kan es eine endung nennen/ dan am ende es verendert wird/ und deswegen bey den Hebræern und Franzosen keine Casus, weil nichts verendert wird/ doch kan man auch fal sagen格は不可解だ。それを語尾と呼ぶことができる、語の終わりで変化するからだ、だが、ヘブライ人とフランス人の場合には変化しないので、格がない、それでも格ということができる）。

　c.1660 Ludvig Kock：Introductio ad lingvam Danicam. København. pp.35-74. Danske grammatikere fra midten af det 17 til midten af det 18 aarhundrede, udgivet af Henrik Bertelsen, Bd.I, Købenavn 1917. ラテン語で書かれた40頁ほどのデンマーク語文法であるが、簡潔で読みやすい。今日のdanskはヘブライ・ギリシア・ラテン・ガリア（＝フランス）・英語・ドイツ語から来ており、ヘブライ語起源が最も多い、としてamme, beck, boed（'domus'）, dum, dyyd, eed, gave, gaaren, horn, maal, mitten, om, oe, øjen, skade, skaebne, suppeなどをあげているが、これらの大部分は立派なゲルマン語ないし印欧語起源といえる。変わったところでは、praepositionesをseparabilesとinseparabilesに分けて、前者にad, af, an, bi, hos, i, iblandt…、後者にbe, mis, sam, u, van, vel, veder, undのような接頭辞をあげている。起源的には両方とも副詞である。

　1663 Peder Syv：Nogle betenkninger om det cimbriske sprog. キンブリア語についての若干の考察。同上のpp.75-272. このキンブリア語とはドイツ

語とノルド語を指す。デンマーク語で書かれた最初の文法書である。同じ著者の 1685 Peder Syv と異なり、言語一般についての考察が詳しい。「はじめに一人の人間 Adam がいた。そして一つの言語、一つの方言、Adam 語または hebraisk があった。しかし、一人の人間からすべての人間が来たように、一つの言語から他のすべての言語も来た。われわれはすべて一つの言語であるヘブライ語を話すのだが、それは変化した（forandret）ヘブライ語なのである」（p.87）と述べている。四つの主要なヨーロッパ語は a.latinsk（vaelsk=italiensk, spansk, fransk), b. slavisk（russisk), c.kroatisk, bemisk, polsk, d. cimbrisk（dansk, svensk, norsk, tysk）であるとしている［今日、b.c. はともに slavisk である］。det cimbriske sprog は Bibel に由来する最古の言語であるとしている（p.92）。1562 年の Busbek によるクリミア半島のゴート語を tysk-cimbrisk と呼び、broe, tag, oeghene, handa, waghen（=brød, dag, øjene, hand, vogn）をあげている（p.97）。parthisk または persisk は græsk や tysk に似ているとして、dactira, garda, dandan, choda, sune（=datter, gård, tand, gud, søn）をあげている（p.99）が、これらはすべて正しい。アラビア語には sverd（剣）をあらわす単語が 1000 個、løve（ライオン）を表す単語が 500 語、slange（ヘビ）を表す単語が 200 もあると述べている（p.109）。外来語 serpentiner, vaillant, travellere, assistens の代わりに、よいデンマーク語の単語（gode danske ord）を用いて feldslanger（野のヘビ), mandhaftig（男らしい), arbejde（働く), hjelp, bistand（助力）を用いることができると言っている（p.147）。cimbrisk から伝播した単語としてフランス語の bourg, danse, place（＜ borg, dands, plads)、イタリア語の dansare（＜ dandse), ricco（＜ riig), strada（＜ stræde）などがあげられている（p.262）。これらのうち bourg, ricco は正しいが、danse, place, strada は借用の方向が逆である。ゴート人・キンブリア人がイタリア支配中にラテン語を持ち込んだ単語として burgum（burg, slot), cattus（kat), guerra（verie, gevær, motstand）をあげている（p.263）。このうち cattus は誤りだ

が、他は正しい。

1668 Erik Pontoppidan：Grammatica Danica, pp.1-426. Bd.II of the book c.1660 Ludvig Kock. ラテン語で書かれた426頁の大きなデンマーク語文法。observationes orthographicae pp.31-87, observationes etymologicae pp.89-278, observationes syntacticae pp.279-371, の三部に分かれる。注目すべきは cognatio literarum（文字の同源性, pp.76-87）において、Grimmの法則とは別の意味で、デンマーク語とギリシア語、ポーランド語、ラテン語の単語が同源であることを、すでに正しく見抜いていることである。その例を示す。ドイツ語burg, デンマーク語borgとギリシア語púrgos（'turris'）は同源である。ドイツ語tapfer, dapffer, サクソン語tapperとポーランド語dobry（善良な）は同源である。ドイツ語・デンマーク語horn, hals, haupt, デhoved とラテン語cornu, collum, caputは同源である。これらは、後に、Rask（1818）, Grimm（1822）により、より精密化された。lang, længere, længst; mand, mænd; faar, fik; gaar, gik; tager, togのようなUmlaut, Ablautの現象も cognatio literarum（文字の同源性）と呼んでいる。冠詞をarticulus praepositivus（indefinitus：en mand, et huus; finitus/emphaticus：den mand, det huus） と articulus postpositivus（seu subjunctivus：manden, dyret）に分けている。p.307 syntaxis pronominumの項では、デンマーク語 Gud hand hjelper alde sine（神、彼は自分の身内のすべてを助ける）における代名詞hand（＝han）の繰り返しは、ガリア人（フランス人）がTon père est-il à la maison?（君の父、彼は家にいるか）と同じだと述べている。巻末pp.373-378 syllabosはラテン語・デンマーク語の文法用語の対訳になっている。grammatica ＝sprogkunst, orthographia=skrivekunst, etymologia=oerdgrandskning, oerdforskning [oerd=word] など。当時としては、まだめずらしく、引用文著者索引（catalogus auctorum, pp.379-383）、事項・語彙索引（index rerum et vocum quarundam notabilium, pp. 384-420）がついている。

1685 Peder Syv：Den danske sprog-kunst, pp.147-250. Bd.III. これは同じ著者の1663 Syvと異なり、品詞別に形態論と統辞論を扱っている。冠詞をskel-ord（区別語、男性・女性・中性を区別するので）と呼んでいる。huus-et, et huus, det huusなど。ラテン人はskel-ordを用いないが、ギリシア人・ヨーロッパ人は用いる。品詞は8個である。skel-ord, navn-ord, fornavn-ord, tid-ord, bi- eller hos-ord, bevege-ord, føj-ord（＝ articulus, nomen, pronomen, verbum, adverbium, interjectio, praepositio, conjunctio）。第1部は品詞解説、第2部は語の組み合わせ（ordføjelse, 統辞論）である。

1751 James Harris：Hermes, or a Philosophical Inquiry concerning Language and Universal Grammar. London. 1586年項に掲げたシリーズの第12巻、原典426頁、中島文雄解説、1971。非常に面白い。すくなくともPort-Royalよりは。Harrisの文法は、今日の用語で言えば、深層構造、個別文法は表層構造ということになろう。第1部の第7章 Concerning Time and Tense はとりわけ、逸品である。Tense を3個のIndefinite tenses（without reference to any beginning, middle, or end）および9個のDefinite tenses（with reference to such distinctions）に分ける。不定時制（1.-3.）と定時制（4.-12.）をギリシア語とラテン語で例示している。

1. Aorist of the present：gráphō, scrībō, I write
2. Aorist of the past：égrapsa, scrīpsī, I wrote
3. Aorist of the future：grápsō, scrībam, I shall write
4. Inceptive present：méllō gráphein, scriptūrus sum, I am going to write
5. Middle or extended present：tugkhánō gráphein, scrībō or scrībēns sum, I am writing
6. Completive present：gégrapha, scrīpsī, I have written
7. Inceptive past：émellon gráphein, scrīptūrus eram, I was beginning to write
8. Middle or extended past：égraphon or etúgkhanon graphon, scrībēbam,

I was writing
9. Completive past：egegráphē, scrīpseram, I had done writing
10. Inceptive future：mellêsō gráphein, scrīptūrus erō, I shall be beginning to write
11. Middle or extended future：ésomai graphon, scrībēns erō, I shall be writing
12. Completive future：ésomai gegraphôs, scrīpserō, I shall have done writing

英語のAorist of the presentの例としてあげられている下記のwalkは、過去・現在・未来に通用する汎時的（panchronique）である。

Millions of spiritual creatures walk earth./ Unseen, both

when we wake, and when we sleep. Milton, Paradise Lost, iv.277（われわれが眼を覚ましている時も、眠っている時も、たとえわれわれの眼にはふれなくとも、幾百万の天使たちがこの地上を歩きまわっている。平井正穂訳）

HarrisはTimeをA,B,Cの三角形で示し、線分AB = Past, 点B=Now,

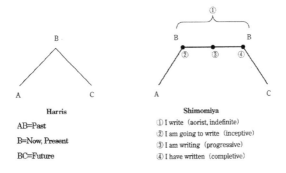

Harris
AB=Past
B=Now, Present
BC=Future

Shimomiya
① I write (aorist, indefinite)
② I am going to write (inceptive)
③ I am writing (progressive)
④ I have written (completive)

Instant, 線分BC=Futureとしている。私（下宮）は点Bを拡張して1,2,3,4とし、前頁のようにTenseを配置したい。

1782 Adelung (Johann Christoph)：Umständliches Lehrgebäude der Deutschen Sprache zur Erlernung für Schulen. 2 Bde. 1784pp. reprint Hildesheim 1971. (Lehrgebäudeは Systemの意味) 本書は、「最初の」の範疇に入れるには遅すぎるが、言語学史上有名なMithridates oder all-gemeine Sprachenkunde (4 Theile, Berlin, 1806-1817) の著者であり、画期的なJacob GrimmのDeutsche Grammatik (1819, 第2版4巻 1822- 1837) 以前の代表的なドイツ文法であるので、ごく簡単に触れておきたい。ヘブライ語は最古の言語ではあるが、祖語 (urprüngliche Sprache) ではない (p.10) として、ヘブライ語神聖視からようやく解放され始めている。スキュタイ語とケルト語はヨーロッパの二つの主要言語群 (Hauptsprachgruppen) であり、ラテン語はLigurisch, Pelasgisch, Trojanisch, Etruskischの混合により生じた、としている (p.11)。Orthographie (= Rechtschreibung, 正書法) と並んでOrthologie (または Orthoepie = Rechtsprechung, 正話法) という用語を用いている。Adelungはdie Syntaxでなく、der Syntax（男性名詞）と言っている。Syntax = die Lehre vom Gebrauch der Wortformenであるが、これは後のKarl Brugmannの見解でもあった。[Adelung：Deusche Sprachlehre zum Gebrauche der Schulen in der Königl. Preuss. Landen, Berlin, 1781. ヨハン・クリストフ・アーデルング著、川島敦夫訳『ドイツ語文法、18世紀のドイツ語』434頁。土浦、IPC出版センター・ビブロス、2017年、5,000円]

1530 J.Palsgrave：Lesclarcissement de la langue francoyse. London. 最初のフランス語文法である。表題はフランス語だが、本文は英語で書かれている。ここではSusan Baddeleyのフランス語訳 (2003) を利用した。著者Palsgrave (c.1480-1554) はCambridgeとParisに学び、英国王ヘンリー8世の妹Princess Maryのフランス語家庭教師であった。2003年の版はfacsimile pp.43-311, traduction française pp.313-695, index pp.699- 771, table des matières pp.773-775となっている。英国王・フランス王Henry8世に対する献辞があり、第1部（The fyrst boke, pp.365-439）、第2部（The seconde boke, pp.441-534）、第3部（The thirde boke, pp.535-695）から成り、部の題はないが、内容は発音、形態論、統辞論となっている。その前に著者の要旨（l'introduction de l'auteur à son premier livre pp.327-335, à son second livre pp.337-363）がついていて、著者の心配りが伺える。フランス語が英国人にとってむずかしいのは、次の三点である：1. 発音の相違、2. analogie（＝grammaire）とcongruité（＝le jeu des accords et des désinences）この点、フランス語は英語よりもずっと完全で、ラテン語の完成度に近いという。3. syntaxeの相違（I must=il me faut）。

第1部. 発音に関しては、二重母音ai [ei], oi [oe], au[o:], ui [wi:] などとし（p.381 foys, soyt, croyst, uoix, croyxはfoas, soat, croast, voax, croaxのように発音される）、文字iがないのにlangageはlangaigeのように発音され、文字uがないのに、chambreはchaumbre, mon, ton, sonはmoun, toun, sounのように発音される、としている。鼻母音についてはet un peu dans le nez（and a lytell in the noose）と妥当な説明をしている。ou（oúltre, sovdaÿn, ovblier）はイタリア語のuのように発音される。eau, beauなどの発音については触れられていない。語末子音についてauec, soyf, fil, beaucoup, motはav, soy（すなわちsoa）, fi, beaucou, moのように発音されるとしている。substanceはsustanceのように発音されるとしている。

第2部は形態論であるが、この用語は使わず、フランス語の品詞は9つ、article, nom, pronom, verbe, participe, adverbe, préposition, conjonction, interjectionである。ラテン語の文法にならって、名詞と形容詞をnomで一括している。名詞（noms substantifs）は6つのaccidentsがあり、それはgenre, nombre, personne（名詞は3人称のみ, il párle, vng hómme párle, les hómmes párlent）、dérivation（pómme → pommiér, bon → bonté）、

43

composition（beavpére）, déclinaison（vng bon hómme, vne bónne fémme, les bons hómmes, les bónnes fémmes）である。動詞（les verbes actifs personnels）は10個のaccidentsをもっている。それはmode（ie párle, uovléz uovs que ie párle, ie parleróye, sy ie párle, parlér）, temps（ie párle, ie parlóye, ie parlay, ie ay parlé…）, formation des temps prétérits（prété-rits parfaits, plus-que-parfaits）, nombre（singulier et pluriel）, personne（premiére, deuxiéme, troisiéme）, conjugaison（verbes en -er, -ir, -re）, formation（merite→meritér, blanc→blanchyr）, composition（mayntenyr, enténdre, contredíre）, l'ajout d'éléments syllabiques pour l'affirmation et la negation（uovs en avréz, nen parléz plus, il sen est allé; ne…pas, poymt）, l'ordre dans les interrogations（le roy ou sen ua il? Charles ou est il?）である。

第3部はAnnotations sur l'article, sur les substantifs, sur l'adjectif, sur le pronom, sur les nombres, sur les verbes, sur le participe, sur la préposition, sur l'adverbe, sur la conjonction, sur l'interjectionとなっている。articleの項でthe good man, all the men = le bon hómme, tous les hómmesは同じなのに、many a good man, neuer a fayre woman, he is a gentylman = maynt bon hómme, nulle belle fémme, il est tout gentilでは不定冠詞vng, vneを添えない。綴り字が同じなのに意味により性が変わるものはvng costé（脇）、vne cóste（海岸）、vng peché（罪）、vne péche（桃）、vng sommé（眠り）、vne sómme（金額）など。temps prétérit parfait（今ならpassé composé）の例としてiay faict, tu as faict, il a faictをあげている。allerとs'en allerの意味の相違として、ie vas = I go nowe actually in dede（je suis en train d'aller）, ie men vas = I shape me to go or am at the poynte to go（je me prepare à aller, je suis sur le point d'aller）と説明している。全般的に、次のNebrija（ネブリハ）に比べて、ラテン語臭が少ない。

1492 Nebrija, Antonio de：Gramática de la lengua castellana. Salamanca. 英・独・仏にくらべて、30 〜 60年も早い。著者・出版地・出版年月が明記 されている。初版出版後500年を記念して3巻の豪華版が1992年Madridで 出版された。edición crítica（以下、綴り字は当時のもの）は196頁からなり、 最終頁にDeo Gracias（Deoのみラテン語）Acabóse este tratado de Grammática, que nueva mente hizo el maestro Antonio de Lebrixa sobre la lengua castellana, en el año del Salvador de 1492, a 18 de agosto. Empresso en la mui noble ciudad de Salamanca（神に感謝。アントニオ・ デ・レブリハ師が最近書いたこのカステーリャ語の文法論を1492年8月18 日に完成し、いとも高貴なサラマンカ市において印刷した）とある。レブリ ハは通常ネブリハと書かれる。

本文は6部（seis libros）からなり、第1部（libro primero 'book first', orthographía）は正書法（文字と発音）、第2部（prosodía y sílaba）は韻律 論・音節、第3部（etimología y dición）は形態論と語、第4部（sintaxis y orden de las diez partes de la oración）は統辞論と10品詞の順序、第5部 （外国語を学習したい人のためのスペイン語文法）はスペイン語の音論と形 態論（語形変化表）となっている。

第1部では、llave（リャベ、鍵）、lleno（リェノ、満ちた）のllの音はヘ ブライ語、アラビア語、ギリシア語、ラテン語にもない、などと記されてい る。文字が別の文字に変わったり、堕落したりする（pasan y corrompen） 例としてラテン語のficus（イチジク）、maurus（ムーア人、アラビア人） がスペイン語でhigo, moroになると説明されている。

第2部で、音節は文字の数、時間の長さ、アクセントの高さと低さの、三 つのacidentes（事項）をもつ。音節はa, ra, tra, trasのように4文字からな るものもあり、treinta（30）のtreinのように5文字からなる場合もある。 音節の長さあるいは短さはギリシア語やラテン語では音節が長い、短い、と いう。しかし、スペイン語では、この相違は感じられない（RōmaがRŏma

となる）。señor（紳士）の第1音節にはacento grave（重アクセント）が、第2音節にはacento agudo（鋭アクセント）が見られ、buéi（雄牛）にはacento circonflexo（曲アクセント）が見られるとしている。

第3部の形態論では品詞に10種あり、それらはnombre, pronombre, artículo, verbo, participio, gerundio, nombre participial infinito, preposición, adverbio, conjunciónである。nombre participial infinito（不定過去分詞）においては、io he amado, tu as amado, él ha amado, nos avemos amado…'I have loved, you have loved…' のように、現在完了の過去分詞は不変化で、ella a amada, nos avemos amadosなどとはならない。間投詞は、ギリシア語と同様、adverbioに入れている。padre（父）はpaとdreからなるが、そのどちらも、それだけでは意味がない。ギリシア語はホメーロスのbatrakhomyomakhía（カエルとネズミの戦い）のように複合語が得意だが、スペイン語はこれをpelea de ranas y ratonesのように言わねばならない。

性（géneros）にはmasculino, feminino, neutro（lo justo正義, lo bueno善）、común de dos（el infante, la infante [今日、女児はla infantaと綴る]）、común de tres（el fuerte強い男、la fuerte [強い女か]、lo fuerte強いこと）、dudoso（不確定：el color, la color）、mezclado（el ratónネズミはメスとオスの両方を含み、la palomaハトはメスとオスを含む）の7つあるとしている。

第4部 のsyntaxはbarbarismo, solecismo, metaplasmo, prosthesis, aphéresis, epenthesis, síncopa, paragoge, apócopa, antíptosis（el ombre de que hablávamos 'the man about whom we were talking'とすべきをdel ombre que hablávamos とすること：ラテン語の古典的な例urbem quam statuō vestra est私が建てる都市は汝らのものなり）など、ギリシア語起源の修辞用語が多数解説される。

第5部の「外国語学習者のためのスペイン語文法」は名詞、形容詞、代名詞、動詞などの文法変化表（paradigma）で、ラテン語の5つの曲用に対し

て、スペイン語はla tierra, el cielo, la ciudad（大地、天、都市）の三曲用を
提示し、格変化をラテン語と同じくprimero caso（la tierra）, segundo（de
la tierra）, tercero（a la tierra）, cuarto（la tierra o a la tierra）, quinto（o
tierra）の5個の格をあげている。

参考文献：

Bonfante, Giulinao（1970）：La dottrina neolinguistica. Teoria e pratica.
　　Torino.

Buck, C.D.（1949）：A Dictionary of Selected Synonyms in the Principal
　　Indo-European Languages. Chicago.

Décsy, Gyula（1973）：Die linguistische Struktur Europas. Wiesbaden.

Kontzi, R. hrsg.（1982）：Substrate und Superstrate in den romanischen
　　Sprachen. Darmstadt.

Lewy, Ernst（1964, 2.Aufl.）：Der Bau der europäischen Sprachen.
　　Tübingen.

Meyer-Lübke, Wilhelm（1972, 5.Aufl.）：Romanisches etymologisches
　　Wörterbuch. Heidelberg.

Niemeyer, Jan Frederik（1984）：Mediae latinitatis lexicon minus. Leiden,
　　E.J.Brill（editio prima 1976）

Nebrija, Antonio de（1492）：Gramática de la lengua castellana. facsimile版,
　　edición crítica de Antonio Quilis, Estudios Nebrijenses, ed.Manual
　　Alvar, Ediciones de Cultura Hispánica, Madrid, 1992. 中岡省治訳『カ
　　スティリャ語文法』大阪外国語大学学術研究叢書14, 1996.［未見］

Palgrave, John（1530）：Lesclarcissement de la langue francoyse. =
　　L'eclaircissement de la langue française（1530）. Texte anglais original,
　　traduction et notes de Susan Baddeley（Textes de la renaissance.
　　Série Traités sur la langue française sous la direction de Colette
　　Demazière 69）, Paris, Honoré Champion, 2003.

Pottier, B.（1967）：Présentation de la linguistique. Paris.

Rohlfs, G.（1983）：Romanische Entlehnungen aus germaischer Grundlage
　　（Materia romana, spirito germanico）. München.

Shimomiya, Tadao（1990）：Europa, typologisch gesehen. Proceedings of
　　the XIV International Congress of Linguists. Berlin, 1987, pp.2511-2516.

ibid.（1993）「ヨーロッパ諸語最初の文法」『ロマンス語研究』26, 3-13.

ibid.（1993）「俗ラテン語におけるゲルマン語からの借用語」『ロマンス語研究』26, 39-43.

Travaux du Cercle Linguistique de Copenhague, vol. XI（1957）The Classical Pattern of Modern Civilization : Language.

［付記］イタリアの言語学者Giuliano Bonfante（1904年生まれ）が2005年9月7日にRomaの自宅で101歳の高齢で亡くなった。I dialetti indoeuropei（Annali del Reale Istituto Orientale di Napoli, 1931, ristampa, Paideia 1976）で学界に登場し、言語学史的にはMatteo Bàrtoliのneolinguisticaの系統を継ぐ者として名を残した。Collier's Encyclopedia（20巻, New York, 1956）の言語学部門の責任者（linguistics editor）として、言語学関係の288項目（言語学者127名を含む）を執筆している。当時Princeton大学のProfessor of Romance Languagesであった。この百科事典の中のGiuliano Bonfanteの執筆項目は、筆者にとって、何度読んでも新鮮で、教えられるところが多い。印欧言語学が専門で、Faber and Faber（London）のGreat Languages SeriesにIndoEuropean Languagesを執筆予定であったが、実現しなかった。印欧語のうちではロマンス語、スラヴ語、バルト語、インド語が最も得意であった。筆者は1974年Salamanca留学時代から文通していたが、1974年にはLa dottrina neolinguistica（1970）を、1983年にはGiuliano and Larissa Bonfante : The Etruscan Language（Manchester University Press, 1983）を贈られ、最後に、2005年6月に、抜刷り17点を戴いた。その最後の一つはLa posizione recíproca delle lingue indoeuropee（Indogermanische Forschungen, Bd.106, Berlin 2001）で、執筆時97歳、最後まで健筆であった（TübingenのロマニストGerhard Rohlfsもそうだった）。Bonfanteから受けた学恩に深く感謝していることを、この場所を借りて記しておきたい。

［résumé en français］**Germania et Romania**

On a tenté de démontrer que la Germanie et la Romanie, deux grands territoires d'Europe, ont un grand nombre de traits communs dans le vocabulaire（noms de culture et de technique, ainsi comme les noms de dieux et de personnes）et dans la grammaire（syntaxe européenne）qu'on a désigné comme Sprach- und Kultureinheit d'Europe depuis les œuvres de Franz Miklosich, Ernst Lewy et Gyula Décsy（Europemes, Die linguistische Struktur Europas, 1973）, et de la christianisation（V.Pisani）. On a tenté aussi d'analyser quelques premières grammaires des langues germaniques et romanes. Quant à la théorie sur l'origine du langage, on avait cru jusqu'au 18e siècle que l'hébreu fût la mère de toutes les langues du monde. Le grammairien danois, Erik Pontoppidan (1668), avait déjà aperçu correctement les correspondances étymologiques de l'allemand burg et du grec púrgos 'turris', de l'allemand tapfer et du polonais dobry 'bon' et les phénomènes de Umlaut et Ablaut sous le terme "cognatio literarum", 150 ans avant Rasmus Rask ou Jacob Grimm.

Gotland tale（ゴットランド民話）

　これはバルト海に浮かぶスウェーデンの島ゴットランド（Gotland）の民話です。人口は5万、首都はヴィスビュー（Visby）です。Gotlandの語源は「ゴート人の国」です。この島は最初、昼間は海中に沈み、夜に浮かび上がったそうです。

　この島を発見したのはシェルヴァル（Thielvar）という男でした。彼は初めて火をこの島に持って来ました。それからは、島は沈みませんでした。息子はハフジ（Hafthi）といい、その妻はフウィータスチェルナ（Huitastierna, 白い星の意味）という名でした。夫婦が寝た最初の夜、妻は自分の胸の中で三匹のヘビがもつれあっていて、外に出たがっている夢を見ました。この夢を夫に話すと、夫は、次のような夢の解釈をしました。

　みんな輪でつながっているのだ。この島は人が住むようになるぞ。私たちは三人息子が生まれる。夫は生まれる前に名前をつけました。グティ Guti はゴットランドGotlandを与えよう。次男はグライプルGraipr, 三男はグンフィアウンGunfiaunと名づけよう。のちに、夫婦はゴットランドを三つに分けて、北の三分の一は長男のグライプルに、次男のグティは中央の三分の一を、三男のグンフィアウンは一番南の部分をもらった。

　この三人から大勢の子孫が生まれ、この国だけでは食べてゆけなくなった。そこで、くじを引いて、三人のうち一人は、持てるだけ全部を持って、国を去ることになった。誰も去りたくはなかったが、トルスブルグTorsburg（トールの町）に来た。しかしその町は移住者を望まなかったので、フォロー

49

Fårö（羊島）に行って定住した。しかし、そこでも十分に食べられなくなったとき、エストランド Estland（エストニア）のダゴー Dagö（昼島）に移住して、城を建てました。それはいまでも見ることができます。しかし、そこでも食べてゆけなくなりましたので、デュナ Düna（ドナウ）という川をさかのぼり、ロシアを通ってギリシアに来ました。そこで、ギリシアの王に、月が満ちる時から欠ける時まで住まわせてくださいと頼みました。

　ギリシア王は、それは一か月の間だろうと思ったので、許可しました。一か月が過ぎたとき、王は移住者を追い出そうとしましたが、彼らは、満月から新月までということは、いつまでも、という意味ですよ、と答えました。ギリシアの王妃も、それは、この人たちの言う通りです、と言ったので、彼らはそこに定住し、そこの言葉（ギリシア語）も少し学びました。

　この時以前から、そして、その後も、長い間、人々は異教の神々と異教の習慣を守ってきました。彼らは自分の息子、娘、家畜を食事とビールと一緒に「生けにえ」に供えました。彼らは偽った信仰にもとづいて、人間が最高の「生けにえ」と信じていたのです。しかし、小さな共同体は、「小さな生けにえ」と称して、家畜、食事、ビールを供えました。これらは「コック仲間」と呼ばれました。一緒に料理するためにこう呼ばれたのです。

　（出典：ランケ Friedrich Ranke［バーゼル大学］&ホーフマン Dietrich Hofmann［ミュンスター大学］著『古代ノルド語入門』Altnordisches Elementarbuch, ベルリン 1967）（北欧楽会会報 2018）

　Grammar（文法）ヨーロッパ諸語最初の文法 – ゲルマン語・スラヴ語の場合。de primis grammaticis linguarum germanicarum slavicarumque. ロマンス語研究 26（1993）。日本ロマンス語学会の、今回の共通テーマ（sujet commun）はロマンス諸語最初の文法（Premiers livres de grammaire des langues romanes）であったが、私は同じテーマでゲルマン語とスラヴ語の場合を報告した。

　「最初」といっても程度の差があると思うが、ここでは Bullokar（ブロ

カー）の英文法（1586)、Gueintz（グワインツ）のドイツ語文法（1641)、
Pontoppidan（ポントピダン）のデンマーク語文法（1668)、Lomonosov（ロ
モノソフ）のロシア語文法（1757）を中心に、文法体系の捉え方、品詞、
格、テンスなど、二三の文法範疇について見ることにする。ゲルマン語につ
いては、本書の「ゲルマニアとロマニア」の最初の文法書（本書pp.33-51)
に掲げたので、ここでは、スラヴ語についてのみ再録する。

［第一次文献］1679 Jacobus Xaverius Ticinus, Principia linguae wendicae
    quam aliqui wandalicam vocant. Pragae 78pp. Domowina-Verlag,
    Bautzen 1985.

1730 Ivan Semënovič Gorlickij, Grammaire françoise et russe en langue
    modern. St.Pétersbourg. 64pp.（村山1971)

1755 Mihail Vasiľevič Lomonosov, Rossijskaja Grammatika. St.Peterburg
    （= Polnoe sobranie sočinenij, tom 1-11, Moskva 1950-83, tom 7. Trudy po
    filologii pp.389-578)［早稲田大学図書館］

［第二次文献］

Drei russische Grammatiken des 18. Jahrhunderts, mit einer Einleitung
    von B.O.Unbegaun. Wilhelm Fink, München 1969（Slavische Propy-
    läen, Bd.55)

村山七郎「ロモノーソフ以前の二つのロシア文法」九州大学文学部言語学研
    究室。1971（66部印刷、非売品）

山口巌『ロシア中世文法史』名古屋大学出版会1991.

    1679 Ticinusのヴェンド語（＝高ソルブ語）文法はカトリック教が正しい
ことを広く普及させるために書かれたもので、78頁の小型の冊子である。
Frido Michałkの序文を付している。著者Ticinus（1656-1693）はNeisse,
Pragで教師をしていたが、対トルコ戦のPrinz Eugen軍の副牧師を勤めて
いるときに死んだ。内容はつまらないが、スラヴ語の文法としてはロシア語

51

のそれよりも早い。冠詞はないはずだが、男性・女性・中性に ton, ta, te を引き当てている。格変化の例として主格 dom（家）、属格 doma/domu, 与格 domej/domu, 対格 dom, 呼格 o domjo, 造格 z domom をあげる。

1730 Gorlickij（ゴルリツキー）は学術的・網羅的なものではなく、会話のための手引きである。動詞のところで、フランス語の興味深い間違いを指摘しておく。動詞の模範としてあげているのは lire（リール）= čitat'（チターチ）である。現在はよいのだが、過去のところで j'ai lu, tu as lu, il a lu = ja čitalū, ty čitalū, on čitalū（まではよいが）、j'ai lue, tu as lue, elle a lue = ja čitala, ty čitala, ona čitala…と、ロシア語の女性形にあわせてフランス語の過去分詞も女性形にしてしまっている。ロシア語動詞未来形 budu čitat', budeš' čitat', budetū čitat'…にフランス語 je veux lire, tu veux lire, il veut lire…を引き当てている。過去能動分詞 čitavū, čitavšij, čitavšaja, čitavšee = après avoir lu としているが、より正しくは ayant lu であろう。

1755 Lomonosov（ロモノーソフ, 1711-1765）のロシア語文法はロシア語で書かれた最初の科学的なロシア語文法である。彼は自然諸科学の基礎を築き、またロシア史の著者であり、詩人であった。漁師の息子として生まれ、1731年モスクワに出て 1736 年ギムナジウムを卒業、ペテルブルクのアカデミーからの派遣でドイツに留学、Marburg 大学で化学と冶金学を研究し、帰国後、1745 年ペテルブルクの科学アカデミーで化学教授になった。『ロシア語文法』は著作全集 11 巻のうちの第 7 巻「文献学論集」1739-1758 の中の pp.389-578 を占める。ドイツ語訳 Russische Grammatik（aus dem Russischen übersetzt von Johann Lorentz Stavenhagen, St. Petersburg 1764）が出ているほどの名著である。第 1 章（人間の言葉）、第 2 章（字母・発音）、第 3 章（名詞）、第 4 章（動詞）、第 5 章（補助的・奉仕的品詞＝代名詞、形動詞［形容詞か］、副詞、前置詞、接続詞、間投詞）、第 6 章（syntax）からなる。注目すべき点を一つだけあげておく。動詞の時制（vremena glagola, §268, p.480）は 10 個あるとしている（名称は英語にして示す）:1. present（trjasu）shake; 2. past indefinite（trjas）shook; 3. past once（trjaxnul）shook once; 4. long ago past first（trjaxival）used to be shaking; 5. long-ago past second（byvalo trjas）used to shake; 6. long ago past third（byvalo trjasyval）used to shake several times; 7. future indefinite（budu trjasti）will shake; 8. future once（trjaxnu）will shake once; 9. past perfect（napisal）wrote; 10. future perfect（napišu）will write.

　以上のことから、今日、ロシア語動詞の根底になっているアスペクトの概念をまだ明確につかんでいないことが察せられる。同じ巻のp.694に「ロシア語文法資料」の中で、動詞の用法として、ドイツ語と対照して、ich gab manch mahl = ja daval mnogo raz私は何度も与えた；ich pflegte zu geben = ja obyknovenno daval私は与えるのがならわしだった；ich wollte ihm geben = ja xotel jemu dat′私は彼に与えたかった、をあげており、アスペクトの差には十分に気づいている。このうち、前2者は不完了体（imperfective aspect）、3番目が完了体（perfective aspect）である。またNBとしてpobit′（打つ）がperfectum（soveršennyj）, pobivat′がそのfrequentativum（učaščateľnyj）であるという用語も見られる。資料編p.867に「ドイツ人、フランス人は増大辞（Vergrösserungswörter）をもたないので、ロシア語dvorina, dvoriščeはドイツ語ではein grosses Haus, ein Ungeheuer von einem Hausと表現せねばならない」と述べている。ロモノーソフはドイツを旅行中に、ドイツの文化や言語が地方によって異なるにもかかわらず、それらの地方に通用する統一した文章語が存在していることに気づいた。彼がロシア語文法を書こうと思い立ったのは、このような背景によるものであった（山口巌『ロシア中世文法史』p.126）。

Haiku（俳句40句ほど）5-7-5 in Japanese, partly also in English

　小林英夫（1903-1978）が『言語と文体』（三省堂、1937）の中で、第7章「詩集：感傷時代」（p.379-502, 1926.9.24）を載せている。「私は15, 6のころから作り始めた百数十編の詩と、いろいろの外国語から訳した詩を「こほろ

ぎ」（自作）、「自画像」（訳）、「小鳥の詩」（訳）と題して秘かに蔵していた
…淋しくなると、時々、それらを取り出して読んでは、そこに盛られてある
過去の思い出を楽しんだものだ…」と記している。

　私（下宮）が俳句を作り始めたのは、2010年、町会の仲間とパトロール
を始めたころ、仲間に俳句作りがいたからである。以下、制作順に50個ほ
ど掲げる。英語、ドイツ語、フランス語を併記したものもある。

1.　A fróg and wíl-low　　　　　 5　　（訳）　蛙と柳
　　af-fórds a béau-ti-fúl theme　 7　　　　　俳句には
　　for máking háiku.（2014）　　 5　　　　　よい題だ。

　　私の部屋のすだれの模様から作った。以下、欧語の場合、弱強は省略する。

2.　以下、スペースの都合で、5-7-5の三行組みをやめて、1行組に書いて、
　　コンマを打つことにする。

　　寒いねえ、ラーメンたべて、寝ようかな。

　　It's cold, I'll eat rahmen and go to bed.

　　［注］新宿にある大久保日本語学校の掲示板にあった。

3.　サヘルさん、日本人より、じょうずだね。

　　Miss Sahel, you speak better Japanese, than we do.

4.　森の水、おこめ育てて、魚生む。

　　Forest water brings rice and fish.

　　［注］東日本大震災のとき、岩手県がテレビに出た。

5.　営林省、釧路の原野、森育て。

　　Forestry office takes care of the wasteland of Kushiro.［注］三浦綾子
　　（1922-1999）の夫、三浦光世（1924-）が旭川営林省に勤務していた。

6.　初雪が、屋根に垣根に、ふりしきる。［注］初雪からフランス語が出た。

　　La première neige tombe/ sur le toit,

　　sur le jardin/ et dans ma fenêtre.［5-7-5］

　　Der erste Schnee fällt/ im Februar auf dem Dach/ und auf den

Bäumen.

The first snow's falling/ on the roofs and hedges/ in flakes without sound.

7. ビール飲み、汗を流して、心地よい。

   I clean away sweat/ by drinking beer and wine/ on the veranda.

8. ウクライナ、イーユー（EU）にかじきる、ティモシェンコ。2014

9. No sky in Tokyo/ said Chieko, but the sky's/ blue in Shinjuku. 東京に空はない、と智恵子は言ったが、新宿の空は晴れている。

10. 俳句こそ、まさにことばの、宝石だ。

11. バタールが、ふっくら大きく、なりました。（近所のパン屋さん）

12. 爆買いは、日本の品の、よい証拠。2015

    Exploding shopping/ shows that Japanese goods are/ of high quality.

13. 初夢を、今年は見るぞ、と誓ったが。

14. キャロライン、いつもにこにこ、嬉しそう。

    Carolyne Kennedy（55歳）、John F. Kennedyの長女。

    2013年9月、駐日アメリカ大使、2017年1月20日、トランプ大統領政権交代したため、日本人に惜しまれながら、帰国した。

15. 一月に、庭におりたよ、初雪が。2017

    I saw the first snow/ on January morning/ in my little garden.

16. ラマダンだ、殺しはやめろ、アイエスよ。2017

    It is Ramadan/ stop killing innocent people/ You Islamic State.

17. オバマさん、がんばったのに、かわいそう。2014

    It's a pity, Mr. Obama, after you did your best.

18. ふたごちゃん、今日もなかよく、新学期。

    かわいいね、桜の下の、ふたごちゃん。

    クリスマス、ケーキを作る、ふたごちゃん。

    ふたごちゃん、二人そろって、中学生。

［注］パトロールで、いつも見かけたふたご姉妹を読んだ俳句。

19. スリーエフ、フジコフジオと、同じだよ。2015
　　［注］スリーエフはfood, family, friendlyの略で、近所にあるコンビニ。パトロールの集合場所。藤子・F・不二雄（1933-1996）

20. 何でも屋、何でもできる、小さな手。
　　「何でも屋」をオランダ語でmanusje-van-allesという。manusje（ラテン語manusに指示辞je）、van「の」、alles「すべて」（Jan de Vries）

21. 真夜中に、起きて学んだ、オランダ語。2017
　　［注］このころ、『オランダ語入門』を書いていた。

22. 麻衣ちゃんが、読むときれいな、物語。
　　里咲ちゃんが、いつも熱心、英語の日。

23. 新聞を、よくも出したり、300号。
　　［注］花巻、ウラオモテ2頁、手書き、もと郵便局長、89歳、2013.9.28.

24. 桜見ず、妻は亡くなり、かわいそう。
　　藤の花、満開ですよと、妻に言い。
　　新聞を、10分で読む、春の朝。
　　パトロール、今日で終わりだ、夏休み。
　　［注］『所沢文芸』（2018）に採用されたもの。最初の2句は妻・由美子（1943-2017）の死を追悼して。

25. さようなら、早川先生、ありがとう。
　　Goodbye, Mr.Hayakawa, thank you for calling me, from Hirosaki, in 1975.
　　［注］学習院大学文学部長（当時）早川東三先生（1929-2017）が1975年に私を弘前大学から呼んでくれた。先生のお別れ会が2017年12月17日（日）学習院百周年記念講堂で開催され、先生ゆかりの100名ほどが参集し、顕彰と思い出が語られた。

26. おいしいな、ガストの食事、また来たよ。

It was nice and fine/ to eat and drink at Gusto/ We came here again.
2018〔注〕ガスト（Gast）はドイツ語で「お客」の意味だが、なぜドイ
ツ語なんだと、いぶかっていたら、スペイン語gusto（グスト、味）
だったんだ。けしからん、何もかも英語読みしやがって。動詞gusta
（グスタ）は「おいしい」の意味。

27. なんだろう、しあわせ未満って、ちょっといいの？
   Not fully happy, means you're a little happy? You're being happy?
   〔注〕1974年の歌特集で太田裕美が歌っていた。

28. 渡良瀬の、渓谷鉄道、楽しかった。2018
   Watarase Glen/ Railway runs in a truck car/ through dales and
   torrents.

29. 子育ては、おわりなき旅、とラジオが。
   Bringing up children/ is an endless journey/ says one o'er the radio.

30. 金子さん、ひさしぶりだね、うれしいよ。
   Mister Kaneko/ How are you, it's a long time/ I'm glad to see you.
   〔注〕金子さんは弘前大学での同僚でした。

31. すずらんの、明日萌駅は、雪だった。2018
   I came to see you/ Oh, my Suzuran station/ I find you snowy. 〔注〕
   「すずらん」は1999年4月から9月までNHK朝のドラマで放映された。
   北海道留萌線恵比島駅を舞台に、主人公萌の生涯を描いている。萌は
   1922年11月20日生まれ、生後2か月、1923年1月12日、恵比島駅（作
   品では明日萌駅）に捨てられていた。原作：清水有生、主演：橘爪功、
   橘瑠美、遠野凪子、倍賞千恵子。

32. 北大の、宮原文庫、訪れた。I paid a visit/ to Miyahara Bunko/ to see
   Nordic books. 2018.1.23.
   〔注〕北海道大学図書館に宮原晃一郎の図書715点が収蔵されている。
   宮原晃一郎（1882-1945）は小樽新聞記者時代に、毎晩、北海道大学図

書館にかよって、ランゲンシャイトの『デンマーク語・ドイツ語辞典』
をひきながらデンマーク語を学習した。

33. 暖かい、心ほかほか、あなたの手。

How warm your hands are!

Your hands make my heart warm too.

Happy to see you.

34. そと見えぬ、津軽海峡、冬景色。2018.1.23.

One can't see outside

the winter scenery of

the Tsugaru Strait.

［注］トンネルのため、石川さゆりの津軽海峡冬景色は見えなかった。

35. 朝3時　　　　　　At three o'clock in the morning

台所でコトリ　　　it sounds kotori

音がする　　　　　in the kitchen.

由美子が静かに　　Yumiko was sitting

すわっていた。　　quietly.　2017.11.1.

36. 札幌から　　　　　From Sapporo on

旭川まで　　　　　up to Asahikawa,

銀世界。　　　　　'twas a silver world. 2018.1.24.

37. 類推は、体系を強制することなり。（言語学の用語）

Analogie ist Systemzwang.

［注］体系強制（Systemzwang, system compulsion）は言語学の用語であるが、平易なことばでいえば、例外的な形が規則的な形にかわることである。英語の例：cow（牛）の複数は、古くはkine［発音kain］であったが、規則的な複数形cowsになった。Good-byeは'God be with you'（神があなたととともにありますように）が原義であったが、good morning, good evening, good nightなどの類推で、good-byeになった。日本語の例：「こども」は、

すでに複数であるが、「こどもたち」という二重複数形ができた。友人た<u>ち</u>、市民<u>たち</u>、のように、「たち」は人間について用いられるが、果物の季節になりました、おいしそうなリンゴ<u>たち</u>、ナシ<u>たち</u>が店頭に並んでいます、のように、品物についても用いる。空港のチェックカウンターの後ろにはベルトがあって、大きな荷物<u>たち</u>が、どんどん運ばれて行った。

38. この地球、猛暑洪水、怒っている。2018

Heat and flood is caused by the angry earth.

39. パラパラ、パラリパラリ、チョロチョロ、チャリンチャリン、カサカサ、カサコソカサコソ…何の音？　コンビニで買った100円のお菓子をビンにあけるときの音だよ。宮沢賢治の詩には、オノマトペが多い。オノマトペ（擬音語）といえば、私の論文に「ヨーロッパ諸語のオノマトペ」（学習院大学言語共同研究所紀要第13号, 1990）があり、その中でオノマトペ性に三つの段階（three steps to lexicalization）を提唱している。1. 声（人間、動物）・音（自然、物、krk）＝辞書登録の度合いはゼロ、2. 単語化への第一段階（Crack! The branch broke. ポキッ！木が折れた）辞書登録の度合いが＋となり、crackが動詞になって、過去や過去分詞も作られている。3. 単語化への第二段階＋＋となっている。

別の例を見ると、

第一段階：自然音に近い。suya-suya-suya, z-z-z（静かに眠っている音）、guu-guu-guu, Z-Z-Z（グーグー眠っている音）。

第二段階：すこしお化粧をほどこしている。crack! ポキン；clip-clop! カランコロン。

第三段階：たっぷりお化粧をほどこしている。ホトトギス（フジョキキョと聞こえることから漢字で不如帰と書く）、エ owl, ド Eule, フ hibou, エ bustle, hustle.

　ホトトギスは鳴き声がフジョキキョと聞こえるそうだ。その音から鳥がホトトギスという名称を得たそうだ。徳冨蘆花（1868-1927）の『不如帰』（ホ

トトギス The cuckoo, 1899）がフランス語に訳され、そこからブルガリアに紹介された。主人公浪子は理想の結婚をしたが、「ああ、つらい、もう婦人なんぞに生まれはしません」と女性の苦しさを訴えた。これを歌った雨のブルース（Blues in the rain）、雨よ、降れ、降れ、悩みを流すまで…Rain, rain, go, go, till you wash away my suffering…の淡谷のり子（1907-1999）は、1977年、70歳のとき、ブルガリアに招待されて、大歓迎を受けた。

40. 戦中の、ブラックアウトは、灯火管制（1944-45）

Blackout meant light control during the war.

アメリカ軍の飛行機に爆撃されないように、夜は真っ暗にしたものだ。北海道のブラックアウトは、全停電を指した。2018年9月7日、北海道の胆振地震で北海道全所帯が停電。冷蔵できないため、酪農家が牛乳25トンも廃棄。Blackout in Hokkaido meant no light throughout Hokkaido. （due to the earthquake）

41. 月見草、月から見れば、地球見草。

古田足日の小説『ガラスの町』（1967）に出る。月見草evening primrose

Izui Hisanosuke 泉井久之助（1905-1983）

泉井久之助先生生誕百年記念会報告（『言語』2006年3月、大修館書店）

『世界の言語』『史的言語学における比較の方法』『ゲルマーニア』『ヨーロッパの言語』『フンボルト』『マライ・ポリネシア諸語』『アエネーイス』などの翻訳・著書で知られ、京都言語学派を築いた泉井久之助先生（1905-1983）の生誕百年記念会が2005年9月11日京都大学会館で開催され、先生ゆかりの80名の方々が参加した。先生は新村出の後任の言語学教授として多くの俊英を育て、京都大学名誉教授、京都産業大学名誉教授、1977・1978年度日本言語学会会長であった。

記念会は総合司会・矢島獻三氏（愛知県立大学名誉教授）により、実行委員長・吉田金彦氏（姫路獨協大学名誉教授）の挨拶、泉井先生未亡人のご挨

拶、特別講演・堀井令以知氏（関西外国語大学教授）の「言語学者泉井久之助博士を偲ぶ」があり、泉井先生の人と業績が親しく紹介された。講演「泉井久之助先生と言語学」は清瀬義三郎則府博士（ハワイ大学名誉教授）の司会で、次の5つの講演がなされた（敬称・所属略）。杉藤美代子「生涯を決めた師のひと言—音声言語の研究50年」、山口巌「泉井先生の遺されたもの」、下宮忠雄「泉井先生と世界の言語」、松本克己「西洋古典学と言語学」、小泉保「格の研究について」。いずれも泉井先生への学恩に感謝する内容であった。

　参加者全員に『泉井久之助博士著書論文目録』（80頁）が配布された。これは著書・論文・翻訳・書評・解説369点、随筆・報告75点、計444点を含む詳細なもので、京都大学名誉教授・山口巌氏と京都大学助手・李長波氏の作成に成る。さらに、泉井久之助先生生誕百年記念出版『南魚屋・古典と現代』（山口巌編、ゆまに書房、2005年、405頁）が泉井先生ご遺族のご好意により、参加者全員に贈られた。『南魚屋』（1948）は戦前三度にわたる南洋群島におけるフィールドワークの成果で、トラック諸島、マリアナ諸島の風俗、チャモロ語など7つの論文から成る。『古典と現代』は敗戦後の悲痛な時代に西洋古典を読むことに慰めを見出したものである。

　白水社創立90周年（2005）を記念して、泉井先生の『ラテン語広文典』（初版1952）が限定出版された。ラテン語は泉井先生が征服した多くの言語のうちでも、とりわけ深い愛情をもって研究した言語である。先生はフンボルトのことを「神経質なほどギリシア語に通じている」と書いているが、先生自身もラテン語とギリシア語に関しては、単語の一つ一つの機微にわたり、専門家以上に通じていたように思われる。泉井先生は『ヨーロッパの言語』（岩波新書、1968）の中で、全欧の精神的支柱となっているラテン語とギリシア語を中心に、少数言語バスク語、ジプシー語、ケルト語、バルト諸語にも深い考察を加えている。

　メイエ・コーアン編の『世界の言語』（初版1924の翻訳、朝日新聞社、1954）は専門家14名の分担翻訳であるが、先生は、すべての語族について

研究の現状と文献の補遺を行っており、その該博さに圧倒される。印欧語族の次に深く研究したのはマライ・ポリネシア諸語で、その成果は市河三喜・服部四郎編『世界言語概説』下巻（研究社、1955）に見られる。

　泉井先生のもう一つの独壇場はフンボルト研究で、あのベルリンアカデミー版全集17巻を半年で通読したというから驚く。小林英夫がソシュールの翻訳とその内容に肉迫したとすれば、泉井先生はフンボルトの真髄に肉迫したといえよう。先生の『フンボルト』（西哲叢書、1938）が出たとき、先生は33歳であった。先生の卒業論文「印欧語におけるインフィニティヴの発達」（1927）は70頁あまりの論文であるが、将来の発展を十分に約束しているように見える。タキトゥスの『ゲルマーニア』の翻訳は学生時代に始められ、後に岩波文庫に入れられた。24歳のときに早くもパリ言語学会会員になったことに、メイエを初めとするフランス言語学界への思い入れが偲ばれる。

　講演のあとの懇親会では、井上和子氏（1919-2017, 神田外語大学名誉教授；第13回国際言語学者会議事務局長；A Study of Japanese Syntax, Michigan Ph.D.1964の著者、図書はThe Hague, Mouton, 1969）の乾杯とミシガン大学での泉井先生との交流が紹介された。そのあと、江口一久氏（国立民族学博物館名誉教授、民族言語学）の「泉井先生は原書を斜めに読んで、本の中身を迅速かつ正確につかむ技術を会得しておられた」というエピソードが紹介された。（言語2006年3月号）

　以下は私の講演である（以下、です調をである調に改める）。
［要旨］1.　泉井先生との最初の接点（1975）；2.　Meillet-Cohen『世界の言語』、『ヨーロッパの言語』1968、泉井先生の卒論（1927）；3.　小林英夫との関係；4.　ソシュールの小林（翻訳と内容への肉迫）とフンボルトの泉井（真髄への肉迫）；5.　服部四郎・高津春繁・泉井久之助・小林英夫；6.　Antoine Meillet（Saussureの教え子；泉井先生の師through books）；7.　新時代の日本言語学会と服部四郎・泉井久之助；8.　先生の書斎目録を見たい（cf. Catalogue of the Library of Sanki Ichikawa, 1924）；9.　泉井久之助 in Oslo

（1957）and in Bucharest（1967）；10.「偉大なる師よ、あなたの名が何世紀にもわたって生き続けますように」

1．泉井先生との最初の接点は1975年10月、日本言語学会大会のときだった。大会が京都産業大学で泉井先生を大会運営委員長として開催されたとき、私を公開講演に呼んでくれた。これは駆け出しの私にとっては、非常に名誉なことだった。先生の講演「フンボルトについて」のあと、私は「バスク語・コーカサス語と一般言語学」という題で講演した。このテーマはオーストリアのグラーツ大学のフーゴー・シュハート Hugo Schuchardt（1842-1927）の「バスク語と一般言語学」（1925）をもじったものだった。泉井先生は、世界のあらゆる言語に関心を寄せておられたので、偶然、私のことが目にとまったのだと思う（私の『バスク語入門』大修館書店が出たのは1979年；先生は2頁にわたる懇切な序文を寄せてくださった）。バスク語とコーカサス語の共通点は能格（ergative）と二十進法（vigesimal system）、動詞の多人称性（polypersonalism）である。これらは構造的特徴で、語彙の共通はない。多人称性は主語、与格、対格が動詞の中に表現されることである。

　泉井先生は、どの言語についても、単語の一つ一つの機微にわたり、専門家以上の炯眼をもっておられた。先生は、何よりもまず、Indogermanist であった。Meillet の『印欧語比較文法入門』は3冊も読みつぶし、いま4冊目を読んでいる、と書いていた。ヒッタイト語には最後まで関心を失わず、生前最後の論文もヒッタイト語に関するものであった。先生は日本における印欧語学者の育成にも心をくばり、1979年に日本印欧学研究者専門会議（Society of Indo-Europeanists of Japan）を立ち上げた。言語学者としての先生の関心は印欧語族に限らず、Trubetzkoy の音韻論にもいち早く関心を抱き、「音韻はいかに記述すべきか」などを翻訳紹介し（1936, 1937）、また、トムセンのオルホン碑文解読（1893）に関連して『言語研究』の創刊号（1939）に「突厥語の数詞の組織について」を発表している。

2．表題の『世界の言語』は Meillet-Cohen 編集の Les langues du monde（1924）の翻訳（朝日新聞社、1954）と 1968 年の岩波新書『ヨーロッパの言語』を指しているが、いま改めて『ヨーロッパの言語』を読み返してみると、先生があまりにも詳しくご存じなので、これ以上読み続けるのが恐ろしいほどだ。先生が印欧語族以外で最も深く研究した「マライ・ポリネシア諸語」（市河三喜・服部四郎共編『世界言語概説』下巻、研究社、1955）もここに入る。そこでの参考文献はフンボルトの Kawi-Werk に触れながら、余人にはとても及ばぬ筆致で書かれている。Meillet-Cohen の日本語訳に着手したのは、訳序によると、先生が 36 歳のときで、その文章は格調高く、味わい深い。それによると、昭和 20 年（1945）に本書の前半は印刷を完了し、昭和 20 年 3 月には製本を開始したが、3 月 14 日未明、大阪は大空襲に見舞われ、本書の前半は紙型とともに焼けた、とある。そして、再度、取り組んで、1954 年に完成したのだった。この本の中で、先生は、すべての語族について、付記（addenda）として、その概略を述べ、文献の追加を行い、最後に補遺と再補を書いている。まさに、この部分こそ先生の該博ぶりを如実に示している。泉井先生の卒論は「印欧語における infinitive の発達」（1927 年 12 月；印刷は『言語学論攷』敞文館、大阪、1944、2000 部発行、543 頁のうちの p.309-380）であるが、そこには将来の発展の芽生えが、すでに十分に見受けられる。そこに引用された文献を一瞥するのも楽しい。それらの文献は、前任者である新村出の時代からあったものもあり、泉井先生が集めたものも多数あっただろう。日本では卒業論文と博士論文が同じような分野である場合が多いが、泉井先生の博士論文は「東洋文庫本華夷訳語、百夷館雑字ならびに来文の解読」（1946）といい、非常に異なっている。インターネットのなかった時代においてさえ、泉井先生がいかに文献に通じていたかを示す一例をあげる。タスマニア語は、イギリス人の土人根絶政策により、1877 年、最後の話し手を失った。その言語の文献として、ウィーンの Wilhelm Schmidt の Grammatik und Lexikon der tasmanischen Sprachen

(Utrecht, 1952）が出版されたと、メイエ・コーアン『世界の言語』の再補
（1954）に記されている（書名は変更してDie tasmanischen Sprachen;
Quellen, Gruppierungen, Grammatik, Wörterbücher. Utrecht-Anvers, Het
Spectrum, 1952, 521pp.となった）。一方、『世界言語概説、下巻』（研究社、
1955）では、服部四郎先生が「総論、世界の言語」の中で、Wilhelm
SchmidtのGrammatik und Lexikon der tasmanischen Sprachenという著書
が出版される予定であるという、と書いている。この分野でも、泉井先生の
ほうが、新刊書の把握において着実であったことが分かる。

3. 次に小林英夫との関係について述べる。泉井先生は小林英夫さんをつね
に好敵手として意識していた。小林さんは泉井先生より2歳年長で1903年生
まれ、1978年に亡くなった。ちょうど1978年9月に関西学院大学で日本言
語学会の委員会が開催されたときに、小林先生は出席の返事を出していた
が、そのあとで亡くなられたので、運営委員長の堀井さんの指示で、黙祷を
捧げたものだ。小林さんは、ご存じのように、ソシュールの『一般言語学講
義』の翻訳と文体論（これを小林さんは言語美学とか審美的言語学
linguistica estéticaと呼んでいる）で知られているが、同時にヨーロッパの
言語学の潮流（currents）をいち早く日本に紹介したことでも有名だ。Karl
Vossler, Benedetto Croce, Hjelmslev, Henri Frei, Holger Pedersenなどな
ど。その論集『言語学方法論考』（三省堂、1935、金田一京助の序文がつい
ている）の中で、ライデン大学のJacques van Ginneken（ファン・ヒネケ
ン）の遺伝学的傾向については、すでに畏友泉井久之助君の紹介がある、と
記している。芸文第19巻、11号、1928年1月とあるので、泉井先生の卒業
論文提出1927年12月の翌月にあたる。一方、泉井先生の「最近フランス言
語学界の展望」（1937）には、ソシュールの『一般言語学講義』は小林英夫
君によって訳出せられ…とある。書き物においては、おたがいに「君」で呼
び、会話においては「さん」で呼び合っていたようである。『小林英夫著作
全集全10巻』が1975年、みすず書房から出るに際して、泉井先生は次のよ

うな推薦文を書いた。「小林さんはソシュールの『一般言語学講義』をつねに尊重される。私は反対に、その『印欧語の原初母音体系論』にいつも大きい敬意を払ってきた…」と。小林英夫は国立大学の言語学教授という地位を享受することができなかったので、子飼いの弟子をもたず、つまり、全国組織をもたなかったので、日本言語学会会長にはならなかったが、早稲田大学を中心に、日本ロマンス語学会を1967年に創設し、この学会は会員数180名ほどだが、今日も健在である。

4. 小林英夫先生がソシュールの『一般言語学講義』の翻訳とその内容に肉迫したとすれば、泉井先生はフンボルトの真髄に肉迫した、と言える。弘文堂の西哲叢書の1巻として『フンボルト』を書いたとき、泉井先生は33歳だった。その序文の中で先生はこう書いている。「この半年あまりの間に改めてフンボルトの全集（17巻）を通読して、その業績と人となりの発展についてやや詳しくうかがうことができた」と、事もなげに言っている。日本語でさえ読むのは容易ではないだろうに。フンボルトはスペインのバスク地方に滞在中、バスク語についても研究し、アーデルングの『ミトリダテース』の中でバスク語の部分を執筆している。このようなことから、泉井先生はバスク語にも早くから関心をいだき、『ヨーロッパの言語』の中でバスク語に1章をさいて解説している。1995年夏に私がベルリンのテーゲル湖（Tegelsee）のほとりにあるSchloss Tegelを訪ねたとき、泉井先生の『言語研究とフンボルト』（弘文堂、1976）が書棚になかったので、東京に帰ってから、1冊を送ったところ、Ulrich von Heinz氏から礼状をいただいた。その際、この書名と内容と泉井先生について簡単な紹介をドイツ語で書き記して、その本の扉に添付した。フンボルトには男女各4人の子供がいたが、そのうち3人は夭折したと、『フンボルト』（1938）にある。残る5人のうちでは第三女のガブリエーレが一番栄えているとのことで、いまテーゲル湖畔のテーゲル邸（図書館）を管理しているUlrich von Heinzは、その子孫である。フンボルトの言語研究は、1. 教養としてのギリシア語・ラテン語、現代ヨーロッ

パ諸語から始まり、2. 異質の言語として、フランスとスペインの国境、ピ
レネー山脈の麓に、印欧語民族の侵入以前から、今日も60万人に用いられる
バスク語、3. それからアメリカ新大陸の言語（アメリカインディアンの言
語）、そして最後にサンスクリット語に、そしてその分派（Ausläufer）であ
るカーヴィ語にいたる。泉井先生の言語研究は1. 印欧語、2. それから南島
諸語、3. そして最後に印欧語に戻った。フンボルトの有名なÜber die
Verschiedenheit des menschlichen Sprachbaues und ihren Einfluss auf die
geistige Entwickelung des Menschengeschlechts（ジャワ島におけるカー
ヴィ語研究序説、人間言語の多様性について）は、今日、法政大学出版局か
ら亀山健吉氏による日本語訳が『フンボルトと言語精神』（1984）として出
ている。ドイツ語原文はHildesheimのGeorg Olms社からDocumenta
Semioticaという叢書の1巻として、1974年に、Friedrich August Pottによ
るHumboldt und die Sprachwissenschaftという537頁もの解説（本文その
ものよりも長い）を前につけて、そのあとフンボルトの『研究序説』422頁、
さらにPottによるその補説pp.324-544をつけ、合計1000頁以上の本になって
いる。これにはAlois Vaničekによる索引があり、問題点ごとにHumboldtと
Pottの見解を知ることができる。三宅鴻さん（法政大学教授）がイェスペル
センのLanguage（1922）を岩波文庫（上巻、1981）に翻訳したとき、三宅さ
んは、しばしば、泉井先生に問い合わせを行い、その13個所におよぶ質疑応
答は、詳細に、その訳注の中に記されている。

5. 東京の服部四郎・高津春繁が京都の泉井久之助と拮抗し合いながら、い
わば在野の小林英夫を加えて、当時の若手たちが日本言語学会のその学会誌
『言語研究』の編集を支えていたように思われる。

6. 泉井先生が最も私淑していた学者はAntoine Meilletである。Meilletの
生前、その『史的言語学における比較の方法』（原著Oslo 1925）の日本語訳
の許可を求めるために、直接文通することができたとき、先生はどんなにか
心が弾んだことだろう。泉井先生が、もう少し早く生まれていたら、当然、

Meilletのところに留学していたはずだ。ポーランドのJerzy Kuryłowiczがパリに留学したように。クリウォーヴィチは1895年生まれだから、もう10年早かったら、と言ってもよいかも知れない。先生が京都産業大学に1979年に日本印欧学研究者専門会議（Conference of Indo-Europeanists of Japan）を創設したときに、東京からも木村彰一、風間喜代三、松本克己、村田郁夫、それに私も招待されて、それぞれ研究発表を行った。その際の論文は京都産業大学国際言語科学研究所紀要の中に掲載されている。先生は、そのうち、Kuryłowiczをぜひ集中的にみなさんと一緒に読んでみたい、と言っておられた。Jerzy Kuryłowiczは印欧言語学者・セム語学者で、その小論集Esquisses linguistiques, 2 tomes（München, 1973-75）はMeilletの論集を思い出させるが、構造言語学、プラーグ学派的なアイデアが随所に見受けられる。泉井先生の著書のうち、私が最初に購入したのはメイエ・コーアン編『世界の言語』（その再補1954の中でヒッタイト語の解読を学んだ）、『フンボルト』『トムセン言語学史』『言語構造論』（ここで初めてHjelmslevやBrøndalの名を知り、私にとって汲めども尽きぬ書物となった）、のちに『言語学論攷』（これに泉井先生の卒論が収録されている）、『ヨーロッパの言語』などである。

7. 新時代の日本言語学会というのは、1971年までは新村出、金田一京助と終生会長だったものを、服部四郎先生が制度を変えて、会長の任期を2年とし、会員の中から選挙で選ぶ、という民主的な法律を作った。初代の会長に服部四郎、次いで泉井久之助、西田龍雄…と続いた。井上和子さんまでは任期が2年だったが、2年では人材は続かないとて、国広哲弥さんから任期が3年になった。さて、少しさかのぼって、1977年に国際言語学者会議が東京で開催できないだろうか、とブカレストで泉井先生が打診されたそうだ。日本に帰って、東京開催可能性検討委員会が設置されたが、そのときは、経済的理由などで時期尚早として見送られた裏話として、服部先生自身が語ったところによると、高津・泉井の二人が連合軍を組んで反対したためだそう

だ。ただし、服部・泉井の二人が敵対していたわけでは決してなく、その証拠に、服部先生が日本言語学会会長を1975-76年度の任期二年で退いたとき、次は泉井さんでなければ困る、と服部さん自身が京都産業大学まで出向いて後事を託したそうである。この辺の事情は、泉井先生が日本言語学会会長のときに事務局長を務めた岩本忠氏（京都産業大学）がご存じのはずだ。

8. 泉井先生の書斎目録をぜひ知りたいものである。蔵書は京都大学と京都産業大学に収められたのだろうか。私は偶然、京都の北山書店からMichel Bréalの Essai de sémantique（第6版、1924）を2000年に購入したが、なんと、イズイ・ヒサとギリシア文字で署名がしてあり、ヒサのヒはギリシア文字の spiritus asper で書かれ、1926年6月15日の日付がラテン語で記されている。市河三喜は自分の図書目録 Catalogue of the Library of Sanki Ichikawa（Tokyo, 1924, 194pp.）を作って関係者に配布したのだが。

9. 泉井先生は、当時の日本の情勢から、フィールドワークを行うことのできた太平洋の言語を研究した。泉井先生が、もし三、四十年早かったら、当然、Leipzigに行ったはずである。そして、もしかしたら、ソシュールと肩を並べることだってありえたと思う。当時Leipzigは言語学のメッカと呼ばれ、Brugmannを初め青年文法学派の人たちが活躍していたところであり、上田万年、藤岡勝二（ともに東京帝国大学言語学教授）、新村出を初め、文部省留学生として将来、言語学教授の椅子を、いわば、約束された人たちは、みな、Leipzigに留学したからである。藤岡勝二などは、帰国後、印欧語比較文法とアルタイ語比較文法、ゲルマン語比較文法、言語学史を教えたという、今の時代には考えられないような離れ業をやってのけた。1913-14年、当時モスクワ大学の学生だったTrubetzkoyもLeipzigに留学し、Brugmann, Leskien, Windischなどの講義や演習に参加した。小林英夫だって負けてはいられない、世が世なら、泉井久之助の二人とも、合い揃ってLeipzig留学なんてことだってありえたはずだ。国際言語学者会議（International Congress of Linguists）が1928年、オランダのハーグで第1回が開催され、戦前は市河三

喜、千葉勉、斎藤静などが参加した。戦後は1952年Londonに亀井孝さんが、1957年Osloに泉井先生が日本言語学会の代表として参加し、Osloでは組織委員長のAlf Sommerfeltの依頼で分科会の一つを司会した。そして、コングレスの間のある晩に、他の数人とともに、私宅（private home）に招待された。そのコングレスの様子を、泉井先生は、例の格調高い筆致で、思う存分に学会誌『言語研究』に、実に生き生きと描いている。1962年には小林英夫先生がMassachusettsに、1967年にはふたたび泉井先生がブカレストに赴き、日本語のハとガ、「彼ハ野球ガ好きだ」について発表している。年代的には「ボクハウナギダ」と、どちらが早いのだろうか。これを泉井先生はditopical expression（二つのトピックをもった表現法）と呼んでいる。このブカレスト学会の報告は、なぜか『言語研究』に載っていない。誰が執筆すべきかで、もめたのだろうか。1972年イタリアのボローニャには野上素一さんが学会の代表として参加した。1977年には服部四郎先生がウイーンに、1982年東京でのコングレスには国広哲弥さんが、学会の代表として参加し、その報告を書いている。1987年ベルリンのコングレスには松本克己さんが学会代表として参加した。このとき、ロンドン大学のR.H.Robins（President of the Comité International Permanent des Linguistes）が次のように述べて、満場の拍手喝采を博した。「1928年にこのコングレスの第1回がオランダのハーグで開催されて以来、言語学が本場であったはずのドイツでいままで一度も開催されたことがなかった。それが今回、それも、ゆかりのフンボルト大学で、全体会議のテーマとして、フンボルトと現代言語学と銘打って、ここで開催されるのは、きわめて意義深いことである。」泉井先生が存命であったら、トップクラスの有資格者の一人として、その雰囲気を、感動を共有することができただろう。このコングレスの1992年Quebec Cityには柴田武氏が、1997年パリのコングレスには私が参加し、それぞれ学会の報告を『言語研究』に執筆した。

10．最後に、文体論の Leo Spitzer レオ・シュピッツァーが、その師 Hugo Schuchardt フーゴー・シュハートの小論集 Hugo Schchardt-Brevier（Halle, 第2版1928, リプリント1976）を作ったとき、序文にシュピッツァーはこう記した。¡Vivas, gran señor, mil siglos!（偉大なる師よ、あなたが千世紀にも亘って生き続けますように）と書いた。泉井先生には「何世紀にも亘って生き続けますように」と言いたい。Schuchardt は俗ラテン語の母音（全三巻、合計1300頁）で学界に登場し、反青年文法学派であった。

Jespersen, Otto イェスペルセン（1860-1943）コペンハーゲン大学教授。

　英語学者・言語学者の数多い著作の中では、The Philosophy of Grammar（1924）, Language（1925）, Rasmus Rask（1918）を愛読した。自伝 En sprog-mands levned（1938）には、早くも、1938年『言語研究』4, 1939, 71-72に泉井先生の新刊紹介がある。前島儀一郎訳『イェスペルセン自叙伝』（研究社1962）があり、英訳 A Linguist's Life（Odense, 1995）がある。

Kobayashi Hideo 小林英夫（1903-1978）

　『言語と文体』（三省堂、1937）506頁。小論集である。この本は1983年、神田の古本屋原書房で買った（1500円）ものだが、何度読んでも面白い。そして飽きない。そのつど、書き込みをしている。小林英夫は34歳で小論集を出すのだから、早熟だ。ウィーン大学スラヴ語教授で、音韻論の創始者ニコライ・トゥルベツコイ（Nikolai Trubetzkoy 1890-1938）が Roman Jakobson（1896-1982）に語っていたように、アイデアが次から次に湧いてきて、書き留めるのが忙しいほどだったにちがいない。

　小林英夫は東京外事専門学校（東京外国語大学）のスペイン語科に入学したが、経済的事情で1年後に退学、法政大学仏文科の夜間部に入学した。卒業後、東京帝国大学言語学科の専科に入学し、卒論「イプセンの言語、文体論試論」（Le langage d'Ibsen, essai stylistique, 1926年12月24日）を提出した。エリートコースの上田万年、藤岡勝二、新村出らと異なり、文部省留学生として欧米に学ぶ機会は与えられなかったが、小林英夫はヨーロッパの書

物から旺盛な吸収力をもって言語学を学び取った。1927年夏、無職のまま、ソシュールのCours de linguistique générale（1916）を翻訳し『言語学原論』と題して岡書院から1928年に出版された（20＋572頁）。世界初の翻訳であった。その後にドイツ語訳、スペイン語訳、英語訳などが続いた。1929年、京都帝国大学言語学教授新村出（1876-1967）の推薦で京城帝国大学（ソウル）の専任の職を得て、ここで論文と翻訳が矢継ぎ早に完成した。1932年助教授（ギリシア語、言語学）、1945年、日本敗戦とともに、帰国。1946年『文体論』で京都大学より文学博士。1948年東京工業大学教授（フランス語、言語学）、1950年名古屋大学兼任教授。1963年東工大定年退職、同名誉教授、同年早稲田大学教授、1973年、同退職。『小林英夫著作集』全10巻、みすず書房、1975-77がある。

　『言語学方法論考』（三省堂、1935，xiv, 760頁、索引と著作目録27頁）を見ると、初期の足跡がひと目で見渡せる。ここに収められているのは1928年から1934年までの27編で、言語の本質と言語学の分科、象徴音の研究、文法学の原理的考察、意味論、音韻論、比較言語学と方言学、言語美学、随筆となっている。

　表題に戻る。『言語と文体』は言語美学、出題と答案、評論、翻訳論、随筆、祕苑草、感傷時代（詩集）の7章からなる。最初の論考は「芥川龍之介の筆癖」の題で53頁の長い論文である。一つだけあげる。芥川は格助詞「が」の代わりに「の」を用いることが多い。「ぼく<u>の</u>小説を作るのは小説はあらゆる文芸の形式中、最も包容力に富んでいるために何でもぶちこんでしまわれるからである」「ぼくは正宗氏<u>の</u>ダンテを仰がずにダンテを見たことを愛している」「中産階級<u>の</u>革命家を何人も生んでいるのは確かである」。英文法のsubjective genitiveである。

　イェスペルセン著、須貝清一・真鍋義雄訳『人類と言語』岡書院1932の書評が「人類と言語の訳しぶりを評す」と題して、微に入り細にわたっている（p.204-236）。原著はノルウェー語Otto Jespersen, Menneskehed, Nasjon og Individ i Sproget. Oslo 1925, 英語版は Mankind, Nation and Individual from a linguistic point of view. London, Allen & Unwin,1925 である（ノルウェー語版と英語版が同時に出版された）。小林の指摘する誤訳の若干を記す。「言語史における麗しき嫁」は単に「嫁」でよい。オランダ語 schoondochters, フランス語belles-filles（義理の）「嫁」。Altertumswissenschaftは「考古学」ではなく「古代学」である。qui fournit un modèle linguistique à qui veut parler grec「ギリシア語と称せらるに足る模範的言語を供給したのは」は「ギリシア語を喋ろうという者に対して言語の模範を供給したのは」とすべきである。Ur spraakets värld「原始語の世界」は「言語の世界から」である（Urspraaketなら「原始語」でもよいが、このurは前置詞である）。blakkeは「黒い」ではなく「灰色」。synchronistic, diachronisticは「同時」「異時」ではなく「共時的」「通時的」である（これこそ、まさに小林英夫の創造した訳語なのだ）。「熊を王様と呼ぶ」ではなく、「熊をわれらが主（Our Lord）と呼ぶ」である。ロシア語bože moiは「私の神」ではなく「わが神よ」である。ロシア語自身が外顕的に示しているように呼格（vocative）である。固有名詞の呼び方Madame de Staëlはスタエル夫人ではなくスタール夫人、Aarhusはアルフスではなくオールフス、Zarnckeはザルンケではなくツァルンケ、Stormはシュトルムではなくストルム（ノルウェー人だから）、Aasenはアァセンではなくオーセン、Villonはヴィロンではなくヴィヨン。その他、訳語の不統一、誤訳が非常に多い。要するに、訳者二人は読み方が足りない、ということだ。

　「斉藤百合子さんのこと」小林英夫は三人の盲人にエスペラントを教えたことがあった。三人の上達は早く、まもなくモリエールの「マラド・イマジネール」のエス語訳を読み上げた。斉藤さんは東京女子大学英文科卒、文学にたしなみ深く、かつて、やはり盲人の詩人エロシェンコの助手を務め、童話などの完成を手伝った。その斉藤さんが文博の学位をとったというのである。盲人の熱意というものは恐ろしいものだ。テーゼは何かと尋ねたら日本

思想史だと答えた。点字じゃ参考書がままにならなくて苦心されたでしょうと言ったら、わたしは人の思想は10行しか借りません、三巻の大著はみんな自分の考えに成るものですから、と誇らしげである。これは皮肉だと思った。ぼく（小林）の著書は、10行以外は、ことごとく西欧の学者からの無断借用なのだから。あるとき斉藤百合子さんを訪ねたら、床の間にブロックハウス大の書物が10巻あまりずらりと並んでいた。あれは何ですかと聞いてみたら、（点字の）英和中辞典ですとの答え。おお、あの分で拡大されると百巻の書は、たちまち部屋を満たしてしまうだろう。斉藤さんたちに語学を教えていながらビックリしたことだが、盲人たちは辞書を二度とひかない。一回ひいて、みな覚えてしまうのだ。あの調子でゆけば、われわれはもう大した学者になっているはずであった（1936.9.21）。

　「ソシュール五題」の中で、メイエはソシュールの印象を次のように語っていると小林は記している。フェルディナン・ド・ソシュールは貴族の出、移住民の子であった。彼はかのモンブランの登攀を初めて行った自然科学者の直系を引いている。ソシュールには全く天才的な素質があった。彼は常人の境を遙かに脱していた。驚くべく精密な技術家であり、極めて組織的な頭脳の持ち主であり、同時にまたその筆舌にのぼる言語は純正簡潔であり、授業の態度といえば彼の講義はさながら芸術品であるといっていいくらい芸術的であった。彼は科学的事象を見るに、詩人や交霊術師の碧眼をもってした。フランスに一群の言語学者ありとすれば、彼らの謝すべきはブレアルとソシュールである。

　1889年、ソシュールはジュネーヴに去るにあたり、私（メイエ）を後任に推した。翌日から私は昨日までの学友の前に立って講義をしなければならぬこととなった。開講第一の講義は、ほとんど人の聞いて分からぬほど圧縮したものであった…1890年から1891年にかけて、ソシュールはパリに帰来し、私はウィーンおよびコーカサス（彼の地でアルメニア語を研究した）に向けて旅立った。帰朝すると、私はエコル・デ・オトゼテュド（高等学院）に職を得た。25歳であった。年俸は2000フランであった…（フレデリック・

74

ルフェーヴル「対談1時間」より小林抄訳）。

　モンブラン登攀とあるのは、Horace Bénédicte de Saussure（1740-1799）で人口1万のシャモニ Chamonix 村に Dr.Saussure の名を付したモニュメントが建てられた（1775）。

　祕苑草（第6章）の中の「あるフィロロークのノートから」より。Philolog はドイツ語で「文献学者」の意味である。対格（accusative）は力の格、アクサチーフ、げに（ロシア語）v narod!（ヴ・ナロート、民衆の中へ！　の意味）は対格だ。「卓を叩きて、かくいふものなし」と啄木が瞋恚(しんい)した格だ。1936.6.26.「しんい」はむずかしい漢字だが、「激しい怒り」（der heftige Zorn）の意味である。対格 v narod は 'into the nation' の意味だが、前置格を用いて na narode とすると 'among the nation, in the society' の意味となる。naród「国民、民族」の語根 rod は「生まれる」の意味で、nation や nature の語根（ラテン語 nā-)「生まれる」と同じである。国民、民族は生まれる者、自然は生じるもの、の意味である。

　最後の詩集（p.385-502）は感傷時代という主題がついている。小林が15,6歳ごろから作り始めたものを選んだものである。「古きリーダー」に Tom is running with the dog. リーダーの巻の一。物置から取り出したリーダー、触ると指のあとが付きます、埃(ほこり)がいっぱいで。黄ばんだ紙に、かすれた挿絵。今もなお Tom is running with the dog.（1921.6.25）とある。私（下宮）の新制中学1年（1947）の英語教科書は最初の1行が I am Tom Brown だった。書名は Let's learn English だったと思う。

Lorelei, Die（ローレライ）

　ライン河畔の、サンクト・ゴアルスハウゼン（St. Goarshausen）付近に立つ132メートルの乙女の像。ブロンドの乙女ローレライの原義は「待ち伏せの岩」の意味で、その美しい歌声で、舟人を誘惑し、死に至らしめた。これは、ラインの川が渇く、つまり、ライン川が人間の「いけにえ」を要求するかららしい。以下に、ハイネ（Heinrich Heine, 1797-1856）の詩と、近藤

朔風（1880-1915）の日本語訳を掲げる（ドイツ語の2行が日本語では1行になっている）。そのあとに、英訳・フランス語訳を掲げる。

1. Ich weiss nicht, was soll es bedeuten,

   Dass ich so traurig bin;

   　　　なじかは知らねど　こころわびて、

   Ein Märchen aus alten Zeiten,

   Das kommt mir nicht aus dem Sinn.

   　　　昔のつたへは　そぞろ身にしむ。

   Die Luft ist kühl und es dunkelt,

   Und ruhig fliesst der Rhein;

   　　　さびしく暮れゆくラインの流れ

   Der Gipfel des Berges funkelt

   Im Abendsonnenschein.

   　　　入日（いりひ）に山々あかく映（は）ゆる。

2. Die schöne Jungfrau sitzet

   Dort oben wunderbar,

   　　　うるはし乙女の岩に立ちて、

   Ihr goldenes Geschmeide blitzet,

   Sie kämmt ihr goldenes Haar.

   　　　黄金（こがね）のくしとり　髪のみだれを

   Sie kämmt es mit goldenem Kamme

   Und singt ein Lied dabei;

   　　　すきつつ口ずさむ歌の声の

   Das hat eine wundersame,

   Gewaltige Melodei.

   　　　奇（く）すしき力に魂（たま）もまよふ。

3. Den Schiffer im kleinen Schiffe

Ergreift es mit wildem Weh;

　　こぎゆく舟人　歌にあこがれ

Er schaut nicht die Felsenriffe,

Er schaut nur hinauf in die Höh'.

　　岩根も見やらず　仰げばやがて、

Ich glaube, die Wellen verschlingen

Am Ende Schiffer und Kahn;

　　波間に沈むる、人も舟も、

Und das hat mit ihrem Singen

Die Lorelei getan.

　　奇（く）すしき魔が歌、うたふローレライ。

　　　ハインリッヒ・ハイネ

　英語訳は脚韻（end-rhyme, Endreim）がドイツ語原文よりも美しく整っていて、なかなかの作品である。

1. I know not for what I am yearning

　Or why I am so ill at ease;

　A strange old tale keeps returning

　And leaves my mind no peace.

　The air is cool and it darkles

　And softly flows the Rhine;

　The crest of the mountain sparkles

　With evening's last sunshine.

2. There sits up aloft a maiden,

　Enchanting and wondrous fair;

　With gold and jewels all laden

　She combs her golden hair.

　She combs it with comb all golden

And sings a song the while

Which makes all hearts beholden,

Its burden of sweetest guile.

3. The heart of the fisherman stranger

Is filled with woe, sailing by;

He sees not the rocks and their danger,

His gaze is only on high.

The wind and waves are mingling,

The fisher and bark to receive;

And this with her eerie singing

The Loreley doth achieve.

フランス語訳も脚韻を踏んでいて、立派だ。

1. Mon cœur, pourquoi ces noirs présages?

Je suis triste à mourir.

Une histoire des anciens âges

hante mon souvenir.

Déjà l'air fraîchit, le soir tombe,

Sur le Rhin, flot grondant;

Seul, un haut rocher qui surplombe

Brille aux feux du couchant.

2. Là-haut, des nymphes la plus belle,

Assise, rêve encore;

Sa main, où la bague étincelle,

Peigne ses cheveux d'or.

La peigne est magique. Elle chante,

Timbre étrange et vainqueur,

Tremblez fuyez! La voix touchante

Ensorcelle le cœur.

3. Dans sa barque, l'homme qui passe,

Pris d'un soudain transport,

Sans le voir, les yeux dans l'espace,

Vient sur l'écueil de mort.

L'écueil brise, le gouffre enserre,

Et nacette et nocher

Et voilà le mal que peut faire

Loreley sur son rocher.

Marouzeau, Jules ジュール・マルーゾー（1878-1964）

『言語学用語辞典』Lexique de la terminologie linguistique（français, allemand, anglais, italien）. Collection Georges Ort-Geuthner, Paris, Librairie Orientaliste Paul Geuthner, 1933, 1944², 1951³. xii, 265pp. 著者はソルボンヌ大学名誉教授、パリ高等学院院長。

言語学辞典は古くN.N.DurnovóのGrammatičeskij slovár', grammatičeskie i lingvistíčeskie terminy. Moskva-Leningrad, 1924があるが、Marouzeauのは、初期のものとして、よく出来ており、勃興期にあったプラーグ学派の用語も採り入れられている。

言語学辞典には恩師Prof.Dr.Johann Knobloch（クノーブロッホ, 1919-2010）のSprachwissenschaftliches Wörterbuch（Heidelberg, 1961-）があり、私は先生を頼って1965-67ボン大学に留学したのだが、先生は1986年、第11分冊（第1巻, eye word）のあと、第2巻第3分冊（1988, Gegengrammatikの最初の2行のみ）で中断してしまった。ここでGeflügelte Worteの項目で私の『ドイツ・西欧ことわざ・名句小辞典』同学社 1994；Taschenwörterbuch der geflügelten Worte in deutscher und anderen europäischen Sprachen.を引用してくださった。Knoblochの言語学辞典は詳細を極め、術語の起源をギリシア・ローマの時代までさかのぼり、一つ一

つの項目が、まるで、言語学の歴史を読んでいるようである。ポーランドの言語学者Jerzy Kuryłowicz（クリウォーヴィチ, 1895-1978）が、言語学辞典の第5分冊（1969）で、この辞典は「言語学とその歴史の文集を読んでいるみたいだ」eine Chrestomathie der Sprachwissenschaft und ihrer Geschichte と賞賛している。

　言語学辞典のうち1冊本で小型のものにHadumod BussmannのLexikon der Sprachwissenschaft（Stuttgart, 1983, xxxiii, 603pp.）があり、Prof. Knoblochが書評をしており（Muttersprache 98, 1988）、英語訳が1994年にRoutledgeから出ている。これにも各項目に文献が掲げられており、up-to-dateであることは一目瞭然だ。だが、私は、Marouzeauの小辞典に、より多くの愛着を見いだしてきた。書き込みも、一番、多い。第3版（1951）の序文にはM.Niedermann, A.Vaillant, A.Sauvageot, J.Cantineau, A. Debrunner, イタリアの言語学者B.Miglioriniなどへの謝辞も見える。

　そこで、私の愛読書の一つであるマルーゾーの言語学辞典の紹介と書き込みを以下に記す。Marouzeauには La linguistique, ou science du langage （Paris, 1950³, 127pp.）の好著もある。

ablatif absolu 独立奪格（補足）ラテン語mē praesente「私が居合わせたとき、…ので、…にもかかわらず」＝ギemoû óntos, サsato me（属格）、ラCaesare consule「カエサルが執政官だったときに」

absolutif 分詞構文（gérondif, Gerundium）例がないので補足する。サンスクリット語śrutvā（シュルトヴァー）聞いたので、聞いたあとで 'gehört habend'

à coupe-forte 固いつなぎ（補足）Jespersenの「固いつなぎ」fester Anschluss に当たる。英語はfa-therと切り、moth-erと切る。fa-を「ゆるいつなぎ」loser Anschluss（à coupe-faible）と呼び、moth-を「固いつなぎ」と呼ぶ。fa-ther, moth-erのように、ゆるいつなぎの場合は音節が母音で切れ、固いつなぎの場合は子音を前の音節に食い込ませる。英typ-i-calだが、

ド ty-pisch, フ ty-piqueでは、yのつなぎがゆるいので、pは次の音節にくる。

accusative with infinitive 不定詞とともに用いる対格（補足）不定詞の主語は対格に置かれる。I want you to come; He told me to come. ラ Thalēs dīxit aquam esse initium rērum タレースは水が万物の起源だと言った。

act of language 言語の行為（補足）operative time 操作時間, G. Guillaume,by J.Hewson（2008）英語sayを例にあげると、1.unsayable, 2.sayable, 3.saying, 4. said

adstrat 側層。substrat下層, superstrat上層（substratumを見よ）。

adoucissement 有声化（補足）house→to house, breath→to breathe. フランス語bonsai（盆栽）を［bōzaj］と発音する。

adverbes pronominaux 代名詞的副詞（補足）

agglutination 膠着性（補足）言語の特徴の一つ。わたくし・たち・の。英語ourはone morpheme, one phonemeで分析できない。スペイン語la-s casa-s blanca-s（白い家々；これはPottierの例）に対してイタリア語le case biancheはラテン語と同様、屈折性（inflection）を示している。

allitération 頭韻（補足）Love's Labour's Lost（Shak.恋の骨折り損）, Pickwick Papers（Dickensの小説）, Wild Wales（G.Borrowの旅行記）, Long Live London（prize motto）, Tokyo Top Temptations（東京の魅力）, Jack and Jill（英語読本）, teapot, typewriter and telephone in every room（ロンドンのホテル、お茶もタイプライターも電話も完備しています）

alphabet（補足）フランスの言語学者テニエールLucien Tesnière（1893-1954）は『簡易ロシア語文法』Petite grammaire russe（Paris, Didier, 1934）の中で、アルファベットの順序にordre alphabétique（a, b, c…）とordre systématique（voyelles, consonnes）の区別をしている。この文法は、あらゆる点で画期的である。私の『アンデルセン余話 10 題ほか 43 編』（2015）に述べた。言語現象をタテとヨコから見ている。a, b, c はヨコ、母音・子音などはタテである。

Alteuropäisch 古代ヨーロッパ（補充）ドイツの言語学者 Hans Krahe ハンス・クラーエ（1898-1965, Tübingen 大学）はヨーロッパの川の名が *al- 「川」が Ala, Aland, Alantas, Alantia, Alara, Alento などヨーロッパに広く見られることに注目し、Alteuropäische Hydronymie 古代ヨーロッパ水名なる考えを提唱した。普通名詞としては北欧諸語の torg, torw, フィンランド語に借用された tori「市場」、ロシア語 torg「市場、売買」、イタリアの地名 Trieste ＜ Tergeste 原義「市場」があげられる。2003 年 7 月、国際言語学者会議がプラハで開催されたときに見た野菜市場（Obstmarkt）のチェコ語 ovocný trh（オヴォツニー トルフ）の trh「市場」も torg と同じ語である。参照：Hans Krahe: Sprache und Vorzeit. Heidelberg, 1954. 下宮訳『言語と先史時代』紀伊國屋書店 1970.

anacoluthe 破格構文（補足）anakolouthía 'not following'. 実例を示す。2018 年 9 月 17 日のこと、ヘルシンキ行きの飛行機の中で私の隣に座っていたロシア人が、あ、そうそう、日本で富士山に登って、これからペテルブルクに帰る途中でしたが、私にウイスキーを飲みなよ、と言ったんですよ。［主語と動詞が離れている］

analyse（補足）analyse phonétique 音声分析: žpar-ti-rè「私は出かけるでしょう」3 音節から成る。analyse morphologique 形態素分析: ž-part-ir-è（Pottier）4 形態素から成る。

antithèse 対照法（補足）ars longa, vita brevis. 善と悪、生と死、神と悪魔。ゴミを捨てる人あり、拾う人あり。

antiptose 格混用（補足）スペイン語 del hombre que hablábamos は el hombre de que hablábamos 'the man of whom we were speaking' の代わり

に（Nebrija, Gramática de la lengua castellana, Salamanca, 1492）

aphérèse 語頭音消失（補足）I am＞I'm；古典ギリシア語hēmérā＞現代ギリシア語méra, 現代ギリシア語to álogo「言葉を持たぬ者」の意味から「馬」＞t'álogo 'the horse'

apocope 語末音or単語省略（補足）フ photographie＞photo, vélocipède＞vélo自転車（原義：速い足）フランス語だが、スイスのドイツ語圏でも使っている。OE cuman＞英come（語尾のeは発音されない）。

arabismo アラビア語法。スペイン語ojo de agua「水の目」のojoは「泉」の意味に用いている。cf.トルコ語göz 'ojo, fuente'. Coseriu, Estudios de lingüística románica. Madrid 1977.

arménien アルメニア語。Meillet, Finck, Dirr, Rüdiger Schmittの著書あり。アルメニア研究の雑誌Handes（Zeitschrift）Amsorya（des Monats）= Zeitschrift für armenische Philologie.

article（補足）冠詞の記号ゼロは「…というものは」と訳す。小林英夫言語学著作集3（1977）p.416.

augmentatif 増大辞（補足）イタリア語casone大きな家＜casa, millione＜mille, ラテン語mātrōna既婚女性、妻＜māter；オランダ語dronkaard飲んだくれ、grijsaard（白髪の）老人。

balkanisme バルカン語法（補足）バルカン半島には起源の異なる言語が同居しているが、文法的・語法的に相互に影響し合っている。例：12, 13, 14…を 'two on ten, three, four…' のように表現する。ブルガリア語dva-nà-deset, ルーマニア語doi-spre-zece, アルバニア語dy-mbë-dhetë（ギリシア語には、この語法はない）1. Balkansprachen ersten Grades（bulg.maked. alb. rum.）；2. zweiten Grades（ngr.）/ə/の欠如、後置定冠詞なし。数詞13-19はten-three, ten-four, ten-fiveのように言う、など。トルコ語はバルカン諸語に属していないが、語彙的には重要。

bahuvrīhi（例を補足）'viel-Reis-habend' の意味。英redcap, ド Dickkopf

頭でっかち、Langfinger指の長い人、盗人、Rotkäppchen赤ずきん、サンスクリット語mahātmā（＜mahā ātmā）'eine grosse Seele habend' 偉大な魂をもった。

bas-latin 低ラテン語。古典ラテン語に対して。Pottは俗ラテン語をPlattlateinischと呼ぶ。低地ドイツ語と呼ぶのと同じである。

Bonfante, Giuliano ジュリアーノ・ボンファンテ（1904-2005）。イタリアの言語学者。Princeton大学ロマンス語教授の時代にCollier's Encyclopedia（New York, 1956, 20 vols.）のlinguistics editorとして288項目を執筆。ボンファンテは「よい泉」の意味。印欧言語学、ロマンス諸語、ギリシア語、ラテン語、スラヴ諸語、インド諸語に詳しく、この百科事典の中でアイヌ語まで執筆している。大項目Languageも読み応えのある内容で、Languages of the Worldの項にあるFeist-Meillet-Karsten thesisなど初めて知った。これは最初Feistが唱え、MeilletとKarstenが賛同したものである。The Proto-Germanic people was non-Indo-European and spoke a non-Indo-European language which was later "Indo-Europeanized" by close contact with Indo-European peoples. 私は1982年、東京で第13回国際言語学者会議が開催されたとき、historical linguisticsの部会で共同司会をしたときに初めてお目にかかった。101歳という長寿で亡くなられたが、最後の論文はLa posizione recíproca delle lingue indoeuropee（IF, 106, Berlin 2001）で、執筆時、97歳であった。

Boyer, loi de ボワイエの法則。ロシア語の音韻法則。L.Tesnière, Petite grammaire russe（Paris, 1945, p.22）La lettre й apparaît après voyelle, ь après consonne: воз-ьму 'je prendrai', пойму 'je comprendrai', встан-ь 'lève-toi', вставай 'lève-toi, imperfectif'.

calque ［カルク］はloan translation（翻訳借用）の意味である。日本語の「鉄道」はドイツ語Eisenbahn, フランス語chemin de fer, ロシア語že-leznaja doroga（リェーズナヤ ダローガ）と同じく「鉄の道」の意味である。19世紀、鉄道が敷設され

て、旅行、貨物運搬が大いに改善された。英国は鉄道発祥の国だが、鉄ではなく「レール」を用いてrailway, railroadという。翻訳借用の有名な例はラテン語com-panio（パンを一緒に食べる者）をゴート語でga-hlaibaと訳したことである。ga- =ラテン語com-で、hlaibaは英語loafと同じ語源である。ドイツ語Geselle（仲間ゲゼレ）は「部屋をともにする者」の意味である。

cas格（補足）フランス語il est soldat（彼は兵士だ）のsoldatはオランダのフランス語学者C.de Boer, Etude sur la syntaxe moderne de la préposition en français et en italien. Paris, 1926によると、nominatif morphologique, accusative syntaxique. 泉井久之助（言語構造論1947, p.39）もアラビア語Kāna Zaidun waladan「ザイドは子供であった」のwaladanは対格形である、北ドイツ方言he is en goden Mann「彼はよき人である」も対格で、述語の名詞は主格のみではない、と言っている。

cas, système des（格の体系）方向性の観点から。

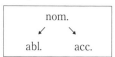

Rōma aeterna est.（ゼロ）ローマは永遠。
Rōmā veniō.（−）私はローマから来る。
Rōmam eō.（＋）私はローマへ行く。

cataphorique 後方照応的（追加）She lost mother, the poor little girl. あれどうした？　例のお金。

celtibère（Celt-Iberian, Keltiberisch）ist am altertümlichsten, fast Urkeltisch（K.H.Schmidt, 1977）. ケルト・イベリア語（フランス）は最も古く、ほとんどケルト祖語だ。K.H.Schmidt（1929-2013）はボン大学教授。

centripète 求心的語順。le cheval 'the horse', centrifuge 遠心的語順：cheval blanc 'white horse'（Tesnière, 1959）

champ sémantique 意味の分野。valeur sémantique（意味の価値）は全体の中で決定される。成績は優・良・可の三段階か、可・不可の二段階かによって異なる。5・4・3・2・1の5段階かによって異なる。競走で3位は100人で走ったのか、10人でか、3人でか、により、その価値は異なる。

chrono-expérience. chrono-logique 時間経験（Pottier, 1967）。意味論の一分野。言語を過去・現在・未来に分ける。フランス語の例：avant － pendant － après；prendre － avoir － rendre；aimer － aimant － aimé；　英語の例「過去」I left Narita this morning.「現在」I am in Helsinki now.「未来」I'll leave for Amsterdam tomorrow to see the Märchenwald at Tilburg.

chuche（ささやき）voix chuchée, Murmelstimme. Passy（1906, p.62）によると、Il est parti. Il y en a beaucoup. C'est beau. などの文の最後の音節にささやきが見られる。

chute（消失）ポルトガル語の例：定冠詞 lo, la＞o, a；luna 月＞lua；salutem 挨拶＞saude；ama lo padre 彼は父を愛す＞ama o padre（Bourciez, §374）

collision（衝突）ラテン語 amabit（彼は愛するだろう）と amavit（彼は愛した）が俗ラテン語において b と v が同音になったため、フランス語では il aimera（＜amare habet）, il a aimé（＜amatus habet）のように表現を工夫した。Marouzeau の例：ラテン語 statum（stare 'to stand, to be' の pp.）と aestatem（夏）は、ともに été となる：en été 'in summer', j'ai été 'I have been'

comparaison（比較）ラ pulcher-pulchrior-pulcherrimus 美しい；ギ sophós-sophôteros-sophôtatos 賢い；サ priya-priyatara-priyatama 愛すべき；ロシア語は最上級をもたず、bol'šój［バリショイ］'large' の比較級は ból'še［ボーリシェ］'larger' だが、最上級は ból'še vsex 'larger of all' という。
日本語では「より大きい」とか「最も大きい」という。

contact phonology 接触音韻論。バイリンガリズム、借用語などによる。日本語の例：steam, team はスチーム、チームとして借用されたが、近年は tea ティー、teacup ティーカップなど、［ティ］が定着しているようだ。

corrélatif 相関語句。ドイツ語 wenn…dann 'if…then', wo…da… 'where … there', wer…der…'who…he', those who…'；サンスクリット語 yadā…tadā 'when…then', yathā…tathā 'as…so…', yatra… tatra 'where… there, when…then'

coup de glotte（声門閉鎖）glottal stop, Kehlkopfverschluss. Il a été à Auteuil[ʔil ʔa ʔete ʔa ʔotœːj] 彼はオトゥイユに行って来た（Passy, p.70）。ドイツ語ʔauf ʔeiner ʔalten ʔEiche「古い樫の木の上で」。デンマーク語は声門閉鎖の有無により、意味が異なる（音素の働きをする）man「人は」mand [manʔ]「男」; hun「彼女は」hund [hunʔ]「イヌ」

cuir（リエゾンの誤り）j'ai fait z-une erreur 'I've made a mistake'（je fais の現在形から誤ってzを挿入した）.

Darmesteter（loi de）ダルメステテルの法則。Bonfanteのほうがずっとうまい。manducare＞manger, acceptare＞acheterのように、ラテン語がフランス語に移る場合に、母音間で子音が消失する。Arsène Darmesteter（1846-1888）はパリ高等学院教授。弟James Darmesteter（1849-1894）はCollège de France教授、東洋学。

déictique（指示詞）J.Kuryłowicz（1964, p.148, 149）クルィローヴィチ（1895-1978）はパリのMeilletに学び、Kraków（クラクフ）大学教授。neutral-negative-positive（三角形が作れぬため↙↘で示す）

déonymie（固有名詞に由来する名詞）guillotine, marathon, silhouette. Aigul Bishkenova, Zum Problem der Entstehung von Gattungswörtern auf der Grundlage von Eigennamen im gegenwärtigen Deutsch（Sprachwissenschaft 25, 2000, 21-62）

dérivation lexicale 語彙派生。L.Hjelmslev（1949）はprintemps→printanierを語彙派生と呼び、blanc→être blancを dérivation syntaxique（統辞派生）と呼ぶ。

dialecte（方言）＝オランダ語 streektaal（Ginneken, 1943）'regional language'；ドイツ語 Mundart, デンマーク語 folkemål 'folk-speech', アイスランド語 mállýska（マウルリースカ）'speech-custom'

dialectalisation（方言化）の逆 dédialectalisation（A.Martinet）は近隣の方言が標準語に吸収されることである。これを convergence, koinéisation（コイネー化）ともいう。

différenciation territoriale 方言により異なる。パリでは voiture（車）だが、カナダでは古い単語が使われていて char という（Quebec City, 1992;英語の car と同源）。スペインでは vosotros（君たち）というところを中南米では ustedes（あなたたち）と言う。

diminutif 指小辞。「小さな家」を maisonette と言えば morphologique, petite maison と言えば syntaxique.

dissimilation consonantique 子音の異化。ラ marmor→ス marmol, フ marbre, エ marble；ゴート語 himins, ド Himmel, エ heaven；サ vrkah, ギ lúkos, ラ lupus, ゴ wulfs, ド wulf；古 독 heribërga 軍隊の宿泊地→イ albergo ホテル（"Grande Albergo", 粟田三吾『イタリヤ語入門』p.155）

dodo（< dormir）faire dodo ＝ dormir（赤ちゃんがおねんねする）小児語 langage enfantin.

doublet 二重語。shirt も skirt も英語だが、shirt は本来の英語、skirt はヴァイキング時代にデンマーク語から英語に入った単語。教会スラヴ語 grad 町（Leningrad 原義：レーニンの町）とロシア語 górod 町（Novgorod ノヴゴロド, 新しい町）；教会ス glas 声（詩；so-glasnyj「子音」＝ド Mitlaut 'with sound, consonant'）とロ gólos 声。Vossler 小林英夫訳 p.103 のイタリア語 fabula→フ fole, fable, fabuleux, イ fola, fiaba, favola, fabula.

Eliot, Charles Norton Edgcumbe（1862-1931）A Finnish Grammar（Oxford,1890）の著者。Oxford 大学卒業後、外交官となり、ペテルブルク英国大使館書記官時代にこのフィンランド語文法を書いた。1919年に日本大使

となる。当時日本の人口は7000万、フィンランドは200万だった。1926年英国に帰国。1929年日本を訪れ、仏教を研究し、Japanese Buddhism（1935），Hinduism and Buddhism, 3 vols.（1921）などの著書がある。

emprunt 借用（補足）：1. イタリア語doccia シャワー［ラ ductia導くもの］→フランス語douche；フ palais→ド Palais（Palastはラテン語より）；2. ラ episcopus（＜ギ epí-skopos上から見る者）→古代英語bisċeop（bishop）；3. ラ locus commūnis共有地→ド Gemeinplatz, ロ obšċestvo（以上、翻訳借用）；4. ラ paen-insula半島→ド Halb-insel（前半が翻訳借用）；5. Lehnschöpfung（意訳語）ラ philosophus→ahd.un-mez-wizzo（Abrogans）計り知れない知識（を持つ者）

epenthesis 語中音添加（補足）語中に語源的に無関係の音が挿入されること（ギ ep-en-thesis 'put in'）ド hoffen-t-lich 'hope-fully'；ラ em-p-tus（emō 'buy'の過去分詞）；ロシア語ljubít'（'to love'）の1人称単数ljub-l-jú 'I love'

ergatif 能格（補充）バスク語、コーカサス諸語に見られる他動詞の主語。他動詞の目的語は主格に置かれる。英語で説明するとHe stops the car（彼は車を止める）のHeは能格に、the carは主格に置かれる。自動詞の主語は主格である。The car stopsのthe carは主格である。グルジア語の例：student-ma dacera cerili 'The student wrote a letter'（studentmaはstudentiの能格；daceraはcera 'to write'のアオリスト；cerili 'letter'は主格，ceraと同じ語源で「書かれたもの」が原義；t, c［ts］はglottal stop声門閉鎖を伴う閉鎖音glottoclusivaeでt, cの下に黒点を記す）。バスク語の例：Aitak autoa daroa「父は車を運転する」aita「父」、aitakはその能格、autoaはauto「車」の主格；-aは定冠詞；daroa「運転する」原義は「行かせる」d-ar-oaの-ar-は使役の接入辞；doa 'he goes, he is going'.

essif 態格（補足）フィンランド語の例：koto-na 'at home'; hän on nyt opettaja-na Tokiossa 'he is now a teacher in Tokyo' 一時的身分。essifの語源はラテン語esse 'to be'で本来は場所格（locative）であった。kaukana遠

くに, luona近くに, takana後ろに（C.N.E.Eliot, A Finnish Grammar, Oxford, 1890, p.157）。

Eurolinguistics ヨーロッパ言語学（補足）。ドイツ・マンハイムのProf. Sture Urelandが1999年9月10日から16日までプーシキン市（ペテルブルクの南26キロ）で開催されたSecond International Symposium of Eurolinguisticsで発表し採択されたPushkin Manifestoは次の宣言をした。5点のみ記す。Eurolinguisticsは Gyula Décsyのテーマでもあった。

Pushkin thesis 1. 人は生まれながらにしてmonolingualではなくmultilingual習得の言語能力（faculté du langage）を備えている

Pushkin thesis 7. ヨーロッパ諸語が古代から現代まで共通の言語と文化をもとにしている思想はヨーロッパの一体感を助成する。

Pushkin thesis 10. ヨーロッパ一体感（sense of European identity）は極端な民族運動と民族差別を阻止することに役立つ。

Pushkin thesis 13. ヨーロッパ研究（European Studies, Europäistik）は人文学（humanities）の1科目として小学校から大学までの教育科目に導入すべきである。

Pushkin thesis 19. 移住してきたゲスト・ワーカー（ドイツ語Gast-arbeiter）の若い世代にヨーロッパを祖国（Heimat）と感じさせる配慮をすべきである。客人労働者はトルコ人、ギリシア人が多かった。（下宮『アグネーテと人魚、ジプシー語案内ほか』2011, p.178）

Europeme ヨーロッパ素（補足）。ハンガリー生まれの言語学者Gyula Décsy（ジュラ・デーチ, 1925-2008, Gyula は Julius にあたる）はそのDie linguistische Struktur Europas. Vergangenheit, Gegenwart, Zukunft『ヨーロッパの言語的構造。過去、現在、未来』Wiesbaden, Otto Harrassowitz, 1973の中で述べたもの。ヨーロッパ総人口6億3000万（1972）に用いられる62のヨーロッパ諸語（印欧語41, フィン・ウゴル語12, その他9）を地域的・機能的観点から10の連邦（Bund）に分類し、ヨーロッパ諸語に共通の要素

（ヨーロッパ素Europeme）を抽出しようと試みる。本書はFranz Nikolaus Finck, Ernst Lewyに続く西欧の言語類型論である。著者は1925年Negyed（ネジェド、当時チェコスロバキア）に生まれ、1948年BudapestでPh.D.を得、1959年ドイツのHamburg大学でフィン・ウゴル学の教授資格（Habilitation）を取得、1965年Hamburg大学員外教授ののち、アメリカのIndiana大学教授。渡米以前にEinführung in die finnisch-ugrische Sprachwissenschaft（Wiesbaden, Otto Harrassowitz, 1965；これはBjörn Collinderの3部作と並ぶ好著）、Indiana時代にGlobal Linguistic Connections（1983）, A Select List of Language Universals（1988）, The Uralic Protolanguage（1990）, The Indo-European Protolanguage（1991）がある。

ヨーロッパ素：1.　基本母音はi,e,a,o,uの5個（スペイン語）、基本子音はp,v,t,l,j,k,s,m,n,rの10個（フィンランド語が近い）、音節の構造はCVまたはCVCが支配的。アクセントは強弱、高低、移動的（ロシア語górod 'city', gorodá 'cities'）、固定的（チェコ語město 'city', dó města 'to the city', 前置詞を含めて第1音節に）

2.　文字：ラテン文字使用者が西欧・東欧・中欧に4.4億人で70％，キリル文字使用者1.8億で28％，その他、ギリシア文字、ヘブライ文字（イディッシュ語）、アルメニア文字。

3.　形態論：8品詞が多く、文法性と格については濃淡の差があり、数の範疇は名詞類にも動詞類にもあらわれる。二人称敬称（あなた）は多くの言語に見られるが、英語（thou, ye）は早くにこれを失いyouに統一されてしまった。時制体系は未来や完了形の創造により古代におけるよりも豊富になった。印欧語では格変化が減少し、前置詞が発達した。統辞論の分野では定冠詞が発達し、その使用人口は3.5億人（56％）。ハンガリー語は1350-1420年ごろに生じた（könyv 'book', a könyv 'the book'）。同じ語族のフィンランド語には、まだ発達していない。定冠詞はラテン語ille homo＞フランス語l'hommeのように前置が多いが、ラテン語homo ille＞ルーマニア語omu-l 'man-the', ブルガリア語kniga-ta 'book-the', スウェーデン語 bok-en 'book-the' のように後置する人口は5400万。性・数・格の一致は印欧語一般の特徴であるが、フィンランド語 punaisessa talossa 'in the red house' のように厳格な場合と、ハンガリー語 a piros házban 'in the red house' のように鈍感な場合がある。冗長性（redundancy）に関しても濃淡の差があり、英語 two men have come とドイツ語 zwei Männer sind gekommen では複数性が2か所に、フランス語 deux hommes sont venus において音声的には1か所 [sõ]、書記的には3か所に現れる。

4. 語彙：ラテン語・ギリシア語に由来する学術・教会・知的生活・近代文明の用語が多くの言語に共通している。月の名 January, February…もラテン語由来を用いることが多い。

5. 名前は個人名と姓の組み合わせが多い。音韻論の創始者 Nikolaj Sergejevič Trubetzkoy は個人名、父称（patronymic, セルゲイの息子）、姓（Trubetzkoy 家、trubá トランペット、トランペット吹き）からなる。スペインのコペンハーゲン的構造言語学者 Emilio Alarcos Llorach（1922-1998, Oviedo 大学教授）は個人名 Emilio, 父方の姓 Alarcos アラルコス（ゲルマン語 Alarik, ala 'tout', rik 'puissant'）、母方の姓 Llorach ヨラクからなる。アイスランドでは姓（family name）の制度はなくて、個人名と父の名を用い、アイスランド初の女性大統領になった Vigdís Finnbogadóttir ヴィグディース・フィンボガドウホティル（1930-）はフィンボギの娘ヴィグディース（戦いの女神）の意味である。Icelandic. Grammar, Texts, Glossary（Baltimore, The Johns Hopkins Press, 1949；xxii, 502pp. で分厚いが、実によくできている）の著者 Stefán Einarsson（1897-1972）は Einar エイナルの息子 Stefán ステファウン（ギリシア語で花輪）である。

faux amis 偽りの友（補足）似ているが、内容が異なることがある。見かけの一致語は多い。その容貌にだまされて、心も同じだと思うと背負い投げを食わされるからご用心（小林英夫言語学論集第3巻, 1977, p.481）イタリア語の場合 tristi notizie giungono sul suo conto. 彼については不吉な情報が

伝えられている。tristi pensieri 取り越し苦労；tristi presentimenti 不吉な予感；una triste notizia 悲しい知らせ；con aria triste 悲しげな面持ちで。「妻」は中国語では「妻子」とか「愛人」という。「品物」は中国語では「物品」とか「東西」という。どこにでもあるから。

form-word（補充）Sweet NEG：content word に対す。on the desk の on や the は形式語，desk は内容語。次は内容語（名詞）が形式語（前置詞）になった例。フ chez 'at, with' ＜ casa，デンマーク語 hos 'at, with' ＜ hus 'house' はフランス語の場合と同じ。

frequency of phonemes 音素の頻度（補足）英語は母音（V）38%，子音（C）62%（このうち n は 7.24%）。ドイツ語 V39%, C61%（うち n は 11%）。フランス語 V43.5%（鼻母音を含む），C56.5%（20子音，16母音）。スペイン語 V47.3%, C52.7%

fréquentatif 反復辞（補足）ラ canere「歌う」→ can-tā-re（ロマンス諸語のもととなった）；ロ byt' 'to be' → by-va-t' 'to be frequently'；podpisát' 'write down' → podpísy-va-t' 'write down frequently'

ga-（ゴート語接頭辞）補足。ゴート語接頭辞 ga- の用法：1. ga-gaggan［発音 gangan］'go together'；2. 完了的（perfektivierend, W.Streitberg, 1888）sitan 'to sit', gasitan 'to sit down', slepan 'to sleep', ga-slepan 'fall asleep'；3. 未来 gatimrja（ギ oikodomē-s-ō）'I'll build'. この ga- が文法化されて、ドイツ語やオランダ語の過去分詞を作る。

glide（Gleitlaut, 補足）わたり音。ラ humilis ＞ hum-b-le；ラ veniam 'I'll come' → フ vien-d-rai，ス ven-d-ré（イ verrò）；ラ camera → フ cham-b-re；ラ Veneris dies → フ ven-d-redi；ラ numerus → フ nom-b-re；ド eigen-t-lich.

grabar（補充）＝ armenische Schriftsprache. アルメニア語の中の印欧語起源は400語（A.Meillet）hayr 'father'（idg.*pətēr), mayr (idg.*mētēr) 'mother'（A.Meillet, Esquisse d'une grammaire comparée de l'arménien classique, seconde édition entièrement remaniée. Vienne 1936）

grammaticalisation（補足）文法化は膠着が屈折になることを指す。
ラ librā mente「自由な心をもって」＞フ librement「自由に」；ラ cantare
habeo 'I have to sing' よりフ je chanterai. 文法化はラ amā-bam 'j'aimais' は
amā-bhwām 'j'étais à aimer よ り。 英 childhood, ド Schönheit 'beauty' の
-hood, -heit は *haidu-「種類、方法」から来た。ゴート語 haidus はギリシア
語 trópos 'way, manner' を訳したものである。

Grenzsignal（boundary, juncture；補足）英 a name と an aim, that stuff
と that's tough, ド einer Eiche 'of an oak' と eine reiche 'a rich', フ je la
prends 'I take it' と je l'apprends 'I learn it'

Grundvokal-guna-vrddhi 平音・重音・複重音（補足）。サンスクリット
語における母音交替。vid-veda-vaidya 知る・知識・ヴェーダの；kr-kara-
kārya 作る・作者・行わるべき。ドイツ語の例：Geburt（＝ai.bhr-ti-）誕生,
gebären（＝ai.bhar-ana-）生む, Bahre（＝ai.bhāra-）担架（運ぶもの）

Haiku and linguistics（Shimomiya, Seoul, 2008, 補足）two odes to
Seoul. 1. Seoul was freed from yoke/ Tokyo was revived from ash./Both
host world linguists. 5-7-5. ソウルはくびきから解放された。東京は灰からよ
みがえった。両都市は世界の言語学者を招致する。（東京1982年第13回国際
言語学者会議、ソウル2008年第18回国際言語学者会議）2. Seoul, an
ancient town, / is the second in Asia/ as site of linguists. 5-7-5. 古都ソウル
は言語学者を招致したアジアで二番目の都市だ。

heteronym 異語（補足）：isogloss（等語）ゲルマン諸語の中で「イヌ」
はドイツ語 Hund がオランダ語、北欧諸語に共通しているが、英語だけ dog
で異なっている（同じ語源の hound は「猟犬」）。このような単語を何と呼
んだらよいか。私は1993年ポーランドの Kraków クラクフで開催された
Societas Linguistica Europaea（ヨーロッパ言語学会）で heteronym（異語）
の用語を提唱した。同じロマンス語なのに、フランス語 pomme（リンゴ）
はスペイン語 manzana, イタリア語 mela と異なっている。「リンゴ」は英語

apple, ドイツ語 Apfel, アイルランド語 ubull, リトアニア語 obuolŷs, ロシア語 jábloko で、語派を越えて、等語（isogloss）が見られる。ラテン語 habeō は イタリア語 avere, フランス語 avoir, ルーマニア語 avea だが、スペイン語 tener, ポルトガル語 ter（ともにラテン語 teneō より）は異なっている。これ を異語と呼ぶ。

Hinterhof Europas ヨーロッパの裏庭（補充）。Gyula Décsy, 1973, の 用語。ヨーロッパの Vorhof（表庭）と呼ばれるゲルマン諸語、ロマンス諸 語では改新（innovation, Neuerung）に積極的であるのに対し、裏庭にある スラヴ諸語・バルト諸語では改新に積極的でなく、保守的である （neuerungswidrig, konservativ）。冠詞、have + 過去分詞による完了形はゲ ルマン諸語、ロマンス諸語ではいち早く普及したが、スラヴ語、バルト語で は普及していない。

hybrid word 混種語（補足）英語 bicycle の bi はラテン語だが, cycle は ギリシア語である。beauti-ful はフランス語 + 英語, Snee-witt-chen「白雪姫」 は低地ドイツ語 + 低地ドイツ語 + 高地ドイツ語、intelligen-tsija は英語 + ロ シア語である。サラ金、ママさんバレーは英語 + 日本語 + 英語。

hypercorrect 過剰矯正（補足）。英語 debt, doubt はフランス語 dette, doute から借用したものだが、ラテン語 debitum, dubium にならって発音し ない b を挿入した綴り字である。ドイツ語 Natur（自然）を低地ドイツ語 Nadur に訳すのは過剰矯正（→ Merkel, Emma）。

hypotaxe 従属（補充）。mother and child とすれば併置（paratax）であ るが、mother with child とすれば従属になる。He came and she went. とす れば併置であるが、When he came, she went. とすれば従属になる。

ido（補充）= langue artificielle inventée par L.de Beaufront en 1908. Esperanto の子孫 Esperantido の意味で創造された人工語。括弧内はエスペ ラント語である。patro（patro）, matro（patrino）, bona（bona）, mala（mal-bona）, bela（bela）, leda（malbela）, granda（granda）, mikra（malgranda）, homi（homoj），ed，e（kai）．上記の例からidoのほうがすぐれている点が3つある。1. matro, 2.mala, bela, leda, mikra, 3.ed（or e）. 1. エスペラントは語彙をあまりにも制限しすぎて、無理が生じている。2. 反意語をmal-で表すのはよいが、行き過ぎが多い。3. 複数homojよりもhomiのほうが軽くてよい。kaiはギリシア語だが、接続詞としては長過ぎる。ラテン系のeのほうがよい。

implicit 内示的（補充）。explicit（外示的）に対す。luckはgood luckもbad luckもあるが、luckyはgood luckである。fortuneはgoodもbadもありうるが、The Galoshes of Fortune（Andersen 幸運の長靴）においてはgood fortuneである。形容詞fortunateはgoodを指す。フランス語 Quand viens-tu? Demain.（いつ来るんだ？　あす行くよ）においてはje viensがimplicitである。

infinitif futur 不 定 法 未 来（補 充）：ラ テ ン 語 amāre, amāvisse, amātūrum esseの三番目 amātūrum esseが不定法未来である。現代語はこれを持たないのが普通だが、オランダ語にはある。Hij beloofde te zullen komen.＝ラテン語 prōmīsit ventūrum esse. 彼は来るだろうと約束した。Hij belooft dat werk vóór vrijdag afgemaakt te zullen hebben.＝He promises to（shall）have finished the work before Friday.

inessif 内格（補足）フィンランド語 talo-ssa 家の中で，Tokyo-ssa 東京で，Helsingi-ssä ヘルシンキで。英語、ドイツ語、フランス語では前置詞で、フィンランド語、ハンガリー語、トルコ語、日本語では格語尾で表す。

infinitif 不定詞（補足）。サンスクリット語 dātum, kartum, gantum（< *gam-tum）, bhavitum 'geben, machen, gehen, sein'（Mayrhofer, p.63）, ラテン語不定法未来 datum īrī, 古代教会スラヴ語 datŭ, dati, ロシア語 dat'（ダーチ）英語 the work to do＝オランダ語 het te maken werk, the books to buy＝de te kopen boeken, two letters to write＝twee te schrijven brieven.

instrumental 造格（補足）。道具を表す格：古代ノルド語 kasta steinum,

geirum石、槍を投げる（原義：石、槍でもって投げる）。sociatif（共格）サンスクリット語sakyā 'with a friend'；prédicatif（一時的身分）ロシア語on byl studentom彼は学生であった。フィンランド語（translatif）hän tulee opettajaksi彼は教師になる。

iotacisme（iを用いる傾向，補充）Romaがロシア語でRimになるようにiotaが好まれる。特にウクライナ語に多い：stil机（ロstol）。古典ギリシア語から現代ギリシア語に移る過程にも起こった：oinos［'inos］ワイン，hupnos［'ipnos］眠り。

isomorphisme 同形性（補充）Jerzy Kuryłowiczの用語。表現expressionと内容contentの間に見られる平行性parallelism. フランス語blanc 'white', être blanc 'to be white', blancher 'to whiten' を並べると、blancとêtre blancの間には統辞機能の相違（形容詞；属詞）があり、être blancとblanchirについては、統辞機能は同じであるが、意味の相違がある。

italien（イタリア語）小林英夫はロマンス諸語に通じていて、その中でも、特にイタリア語は愛した言語であった。彼が持っていたイタリア語の辞書 はitaliano-italianoが10冊、italiano-francese-italianoが11-16, italiano-inglese-italianoが17-25, italiano-tedesco-italianoが26-27, 文法辞典28-33, Zingarelli, 8ed.1957, xvi, 1786pp. であった。ポルトガルの民族叙事詩Luís de CamõesのOs Lusíadasの翻訳は早くから計画していたのだが、のちに二人の共訳者を得て、小林英夫・池上岑夫・岡村多希子訳『ウズ・ルジアダス（ルシアタニアの人びと）』として1978年岩波書店から出版された。校正を終わり、訳者あとがきを書くことができたが、本ができあがる2か月前に亡くなった。LusitaniaはPortugalのラテン名である。

kavkasisk コーカサス語（補足）。Rasmus Raskにおいてkavkasiskはindisk-iraniskを指す。

kenning ケニング、詩的同意語（補充）。ノルウェー語kamelenラクダ（Ibsen）＝ørkenes skib砂漠の船；vinワイン（Wergeland）＝druens blodブド

ウの血。日本語の例：雨、この静かな、やわらかい女神のしずく（西脇順三郎）

Lachmann's Law ラッハマンの法則（補充）agō > āctus, regō > rēctus, tangō > tāctus（Bonfante による）

langage du bois 森の言語（補充）=language of bureaucracy 官庁用語。ルーマニアの言語学者スラマ・カザク Slama-Cazacu（1997）。

langue écrite et parlée（補充）書記言語と音声言語。

langue écrite：leurs livres étaient ouverts［複数表示4個］

langue parlée：lœr livr etε uvεr［複数表示ゼロ］

（J.Dubois in Recueil de texts, grammaire structurale du français, Moscou, 1965）

lénition 緩音化（補充）。ケルト語に特有の語頭の子音変化。

古代アイルランド語 cara［c=k］'friend' の語頭子音変化：

mo chara［ch=x］'my friend'　　　ár gcara［gc=g］'our friend'

do chara 'thy friend'　　　　　　bhur［bh=v］gcara 'your friend'

a chara 'his friend'　　　　　　　a gcara 'their friend'

a cara 'her friend'

lenition（Lenierung）の用語は早くも F.Bopp, Über die celtischen Sprachen（1838）に見られる。

la langue vaincue, la lingua vinta 征服された言語（補足）。conquered language. フランスにおけるガリア語など。その反対は la langue vainquante, la lingua vincitrice（征服者としての言語）ガリアにおけるフランス語、またアイルランドにおける英語（Irish は死滅してはいないが）。

linguaggio（Croce, 補充）Il linguaggio è perpetua creazione. 言語は絶え間なき創造である。［単語も表現も新しく創造される］

La linguistique n'est pas science de pain.（補充）Sprachwissenschaft ist keine Brotwissenschaft.（Meier-Brügger, Indogermanische Srachwissenschaft. Berlin, 2000；R.Meringer, H.Krahe と続いた Göschen 叢書は終わっ

た）言語学はパンが食べられる学問では決してない。だが忍耐強く努力を続ければ道は開かれる。歴史・比較言語学ほど創造的で、スリルに満ちた（spannend）学問はない。

loi de Thurneysen トゥルンアイゼンの法則（補充）Mossé, gotique 52. dissimilation des spirantes：mildiþa 'mildness', but auþida 'wilderness'.

lois morphologiques 形態論法則（補足）。語形変化における類推。j'aim（de lat.amo）passe à j'aime（d'après tu aimes, il aime[t], de lat.amas, amat), l'e final apparaîtra à la fois dans tous les verbes du même type：je traite, je chante…類例：古代ノルド語 kom, kemr, kemr 'I come, you come, he comes' > kem, kemr, kemr.

marked/unmarked 有標・無標（補足）Trubetzkoy が1931年に音韻論に用い、Jakobson が1932年に文法に用いた。man（男、人間）は人間一般も表すので unmarked だが、woman（女）は marked である。ドイツ語 Student（学生）は女子学生も含まれるから unmarked であるが、Studentin は女子学生なので、marked である。語順について Jarmila Tárnyiková （Poznań, 2000）の"With guilt came fear" は marked であるが、"Fear came with guilt" は unmarked である。ラテン語の母音 a, e, o, i, u は短音も長音も表すので unmarked であるが、ā, ē, ō, ī, ū は長音なので marked.

Moesia（補充）今日の Bulgaria にあたる。ゴート語が話されていた。W.W. Skeat：Moeso-Gothic Glossary, with an introduction, an outline of Moeso-Gothic grammar, with a list of Anglo-Saxon and Modern English words, etymologically connected with Moeso-Gothic. London, Trübner & Co. 1868. xxiv, 342pp. 東海大学。

monogenesis 言語一元説（補充）sound production ability（Décsy, Global Linguistic Connections, 1983）言語一元説（Trombetti）は言語音を産出できるという点でのみ可能である。形態論においては不可能。

morphologie 形態論（補足）：1.flexion（déclinaison, conjugaison,

prepositions), 2.formations des mots (incl.diminutifs).

morphologie selon L.Tesnière, Petite grammaire russe (Paris, 1934) 1.statique − flexion (noms, verbes), inflexionnels (prep.adv.conj.interj.), 2.dynamique − formation des mots (生産的であるという意味でdynamique) cf. Kenkyusha Online Dictionary (毎月5万語が登録され、現在125万語が検索可能2007.

morphonologie 形態音韻論（補足）新しい用語を先人たちはいかに日本語で表現したか。Sur la morphonologie de N.S.Troubetzkoy形態音韻論 (1929)：小林英夫（1932、京城）、泉井久之助（形態音韻学、1937）cats, cows, foxes, oxen, miceにおける複数形態素s, z, iz, ən, ai, ゼロ、また、sing, sang, sungにおけるi, æ, ʌ.

morphème 形態素（補足）est le plus petit signe linguistique; il est indécomposable en synchronie (Pottier, 1967, p.15) 形態素は最小の言語記号である。共時態においてそれを分解することはできない。草創期にmorphèmeを小林英夫は形態質（1928）、形態部（1935）、それ以後、形態素と訳している。

mots composés 複合語（補足）動詞＋目的語VOの例：porte-monnaie, porte-bébé, Boileau (bois l'eau, Larousse 2006)。Snow White, ドイツ語Snee-witt-chenが日本語では「白雪」姫となる。pickpocket（スリ）は昔からあるが、2009年ロンドンにputpocketsが現れた。お金or品物をあげるよ、とポケットに。scarecrow（カラスを脅す物、かかし）

mots (doublet) 二重語（補足）。frêleとfragile, shirtとskirt, curriculumとpersonal history, ドイツ語Bücherlei「文庫」とBibliothek「文庫、図書館、蔵書」、工場（こうじょう）と工場（こうば）、作業と仕事、言葉と言語、登山と山登り、休暇と休み。和語と漢語Japanese proper (echtjapanisch) and Sino-Japanese

mutation consonantique 子音変化（補足）。ラpater, decem, centum→英father, ten, hund (red)；wife→wives, bath→bathe.

mutation vocalique 母音変化（ドイツ語 Ablaut）。英 sing, sang, sung, song, ギ légō 言う, logos 言葉。

nasalisation 鼻音化（補充）：a＞ã, o＞õ；逆に bōzo＞bōzu, cõgatana ＞cogatana（小刀）、nãguinata＞naginata（薙刀 cutting sword）、sacãzuqi ＞sakazuki（盃, sake, attached to）鼻母音の形はルイス・フロイス著、岡田章雄訳注『ヨーロッパ文化と日本文化』（岩波文庫 1991, 第7刷 1993）に記されている。ポルトガル語で「どうもありがとう」と言うとき muito obligado 'thank you, I am obliged' の muito 'much' をなぜ［ムイントゥ］と発音するのか、長い間ふしぎに思っていた。Pottier 先生に尋ねると、すぐにご返事をいただいた（2015）。中世のスペイン語には語源と無関係のn（non etymological n）が、しばしば見られる。mucho 'much' が muncho ムンチョのように発音され、mazana, maçana（リンゴ）と書かれたものが、n が挿入され、manzana となった。農場主 Matius のリンゴの意味である。上掲の bōzo, cõgatana などは、類例である。

neutralisation morphologique 形態の中和。je le connais 'I know him' と je la connais 'I know her' は je l'aime 'I know him or her' において中立化する（相違が無効となる）。ドイツ語の例：Rad 車輪と Rat 忠告は、ともに［raːt］となるので、区別がなくなるが、その属格 des Rades（車輪の）と des Rates（忠告の）では区別される。スペイン語 hijo「息子」と hija「娘」は区別できるが、複数になると dos hijos y tres hijas（2人の息子と3人の娘）= cinco hijos（5人の子供）のように中立化される。

noms de lieux ケルト語の地名（補充）。四つの形式がある。1．White-Hill type（Gwynfryn）；2．Hill-White type（Bryngwyn）；3．Cross House type（Croesty）；4．House (at) Cross type（Tŷ-croes）

noms propres 普通名詞が固有名詞になる（補充）：miller＞Miller, ド Mühle＞Müller, フ bouvier（牛飼い）＞Bouvier（Bonn の本屋）

noms propres 固有名詞（補充）Vladi-vostók（原義：東を制覇せよ）

の日本語表記：浦塩。

non-uniformité（補充）単語の不揃いとでも言うのか。フランス語 pierre「石」に指示辞-ette（poche→pochette）をつけて pierrette「小石」と言ったが、今のラルース辞典には載っていない。今は caillou（カイユ）という。ブタニクというのに、なぜウシニクと言わないのか。牛小屋、牛飼いというのに、ギューニク、ギュードンという。

opposition à trois termes（3項対立；補充）ド dreigliederige Opposition, three-member opposition（英語の用語が一番遅かった）ギリシア語 p:b:ph, t:d:th, k:g:kh. サンスクリット語は k:kh:g:gh, t:th:d:dh の4項対立。

opposition phonologique 音韻論的対立（プラーグ学派の重要な概念。英語 [p:t:k] pop:top:cop; [i:e:æ:ɔ:u] pit:pet:pat:pot:put；フ pierre:bière；ド（脚韻を踏む例で）mit Rat und Tat（名実ともに）, unter Fach und Dach（安全な場所に）。

ordre 記号の配列順序 ordre des éléments significatifs（Kristiansand, 2004, Shimomiya, ヨーロッパ言語学会）1. export-import, 輸出・輸入（英語は接頭辞で区別し、日本語は2番目の要素で区別する）；2. No crossing, 横断禁止（英語は否定を前置、日本語は後半に）；3. No smoking, 禁煙, non-smoker, 禁煙車（これらはみな否定が前置）；4. rain or shine, 晴雨にかかわらず（雨と晴れの順序が異なる）；5. Ein- und Ausgang, 入口・出口（入と出の順序がドイツ語も日本語も同じ）；jahraus, jahrein 年が去り年が来る、年々歳々「年去と年入の順序がドイツ語も日本語も同じ」；ギリシア語 eísodos-éksodos（eis 'into', eks 'out, from' 入口と出口（入と出の配列順序が同じ）；ロシア語 vxod-vyxod（フホト）（ヴィホト）入口と出口（順序が同じ：v 'into', vy 'out of'）

phoneme 音素 = smallest distictive unit, which distinguishes the meaning; kleinste bedeutungsunterscheidende Einheit; la plus petite unité distinctive.

phonétique 音論を Tesnière は二つに分ける。phonétique statique は通

常 の 発 音 （pronunciation） で あ る が、phonétique dynamique は palatali-sation, polnoglasie（ロシア語古語 grad → górod; Leningrad, Novgorod），accent の移動 górod 'city', gorodá 'cities' を扱う。L.Tesnière, Petite grammaire russe, Paris, 1934.

phrase（文）オランダ語の例。hoofdzin=Hauptsatz, bijzin =Nebensatz. Ik weet dat hij ziek is. 'I know that he is ill.' Ik schrijf, terwijl hij slaapt. 'I write while he is asleep.'

phraséologie（語法）例：It's all Greek to me. Shak.1601.

Pisani, Vittore ヴィットーレ・ピサーニ（1899-1991）ミラノ大学教授。印欧言語学が専門で、その著書 Geolinguistica e indeuropeo（言語地理学と印欧語，1940）や Crestomazia indeuropea（印欧語選文集，1974³）、Sprachbund（言語連合，lega linguistica, jazykovoj sojuz）から筆者は多くを学んだ。Crestomazia p.77 の古代アイルランド語の名詞変化表 fer 'vir'（男）の単数主格 fer <*wiros, 対格 fer <*wirom, 与格 fiur <*wirū <-ōi, 属格 fir <*wirī- <ei (?), 呼格 fir <*wire, 以下省略（下宮『アンデルセン余話10題ほか43編』2015, p.118）この変化表の祖形は J.Pokorny や R.Thurneysen にもなく、Pisani の好配慮である。

pléonasme 重複表現。suffisamment assez（十分に十分），rursum dēnuō（ふたたび新たに），kohlrabenschwarz（石炭のように黒い），siōpôn ouk ephthégksato 'schweigend sagte er nicht' 彼は黙して語らなかった。ギリシア語 pléon「十分に」

plural 詩的複数。der poetische Plural (Hirt, Idg.Gr.VI. §18.5) Instr. 語尾は本来、単数・複数は本来同じだった。単数ギ stratóphin 'vom Heer', eskharóphin 'auf dem Herde', klisúēphi 'bei der Hütte', phrêtrēphin 'bei dem Geschlecht', agélēphi 'bei der Herde', 複数 naûphin 'bei den Schiffen', autoîsin ókhsphin 'mit dem Wagen', óresphi 'auf den Bergen', stêthesphin 'auf Brücken', サンスクリット語 naktabhis 'bei Nacht', ゲルマン語 *nahtam

夜に。

polygenesis 言語の多起源説。sound sequence creation（Décsy, Global Linguistic Connections, 1983）音素の組み合わせは言語により異なる。スペイン語cava［発音カバ］「地下の酒蔵」、vaca［バカ］「牛」。日本語カバ「河馬」、バカ「馬鹿」

Pottier, Bernard ベルナール・ポティエ（フランスの言語学者、1924-）Présentation de la linguistique. Fondement d'une théorie. Paris, Klincksieck, 1967. わずか78頁の小冊子であるが、言語学の全分野が収められ、言語学の百科辞典のようである。筆者はStructure de la langue allemande à la Pottierienne（ポティエ式ドイツ語の構造, Lingua Posnaniensis 49, 2007, 143-151）の中でドイツ語の諸相をPottier式に解明した。

préposition （前置詞）ロシア語の場合：1. 本来のもの（eigentliche）：v 'in', do 'to, until', iz 'from, out of', k 'to(wards), for', 2. uneigentliche 他の品詞に由来するもの：rádi Bóga 'for the sake of God'（radi 'in the name of'), vdol' rekí 'along the river', on šël mímo cérkvi 'he went by the church', doróga idët méždu poléj 'the road went between the fields'（méždu 'between' はmežá 'boundary' のloc.dual), vmésto 'instead of (mesto 'place', in place of)

proclitique 後接語：a book, on the bookにおけるa, on, the

protolanguage 祖語。25万年前に南アフリカに「祖語」protolanguageが存在し、15万年前に'full' languageに発達した（Jean Aitchison, Oxford, 2008, at Seoul）

prospectif 前望。prospectif-spectif-rétrospectif前望・現望・回顧（Pottier, 1991）un crayon→ce crayon→le crayon; a pencil→this pencil→the pencil；明日は富士山を目指すぞ→実現した→いい思い出になったなあ。

```
(Hjelmslev)      ille liber (neutral)
                ↙              ↘
     iste liber (negative)   hic liber (positive)
```

psychomécanique 心機構的 =structural (Guillaume)

Pushkin manifesto (プーシキン宣言) はヨーロッパの精神的、言語的一体化、ヨーロッパ言語学の促進を指す。→Eurolinguistics

quaternary pronominal system コソアド四体系。Shimomiya, Lingua Posnaniensis, 46, 2004.

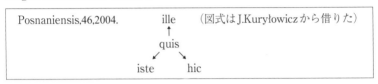

racine (印欧語根の二段階) frühidg.→spätidg. (W.Meid)

H_1ed- > ed- (edō 'eat')　　　　　dhH_1- > dhē- (gr.títhēmi 'set')
H_2eg- > ag- (agō 'drive')　　　　$steH_2$- > stā- (stō 'stand')
H_3ed- > od- (odor 'smell')　　　deH_3- > dō- (dō 'give')

réduplication (重複) 人々、山々、パラパラ、ザーザー、見る見るうちに、はやばやと、など同一音や音節の重複。cuckoo, ping-pong, bow-wow, ギリシア語やラテン語では過去の標識に用いられる。ギgráphō 'write', gégrapha 'wrote', ラ canō 'sing', cecinī 'sang'

retroderivo (逆派生) A.Cherpillod (2003) の用語。エスペラント語 edzo 'husband', edzino 'wife' のedzo, edzinoの語源はドイツ語Prinzessin 'princess'から作られたback formation.

rhème (陳述) thème vs. rhème 論題vs.陳述 [ギrhēma 'that which is spoken, rhētōr 'speaker'] ギリシア語にはthēmaの単語はなくthésis「論題」がある。maもsisも名詞を作る語尾である。aroma, drama, gramma, systema; analysis, catharsis, metathesis, synthesis.

sarmatisk（サルマティア語）Raskにおいてはlettisk og slavisk.

Scythian（スキュタイ語）現代語はOssetic. 貴重な文献「ナルト伝説」Nartensagenあり（Dumézil）

sémantique（通時的意味論）sémantique diachronique（Coseriu）

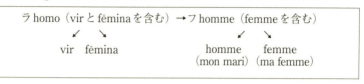

sémantique（構造的意味論）sémantique structurale（Coseriu）ギリシア語brotósは神でない「人間」'hombre, no dios'を指し、ánthrōposは動物でない「人間」'hombre, no animal'を指す。

séparabilité vs. **non-séparabilité**（Pottier）
une pomme de terre ronde（non "une pomme ronde de terre)
「まるいリンゴ」という場合、形容詞rondeはpomme de terreという名詞句全体の後に置かれる。ドイツ語Erdapfel, Kartoffel.

sonorisation（有声化）フランス語ではbonsai（arbre en pot）が[bōzaj]と発音されるが、この有声化は日本語では起こらない。

Sprachbund 言語連合。N.S.Trubezkoyの用語（1928）linguistic union, lega linguistica. バルカン諸語における定冠詞の後置など、文法的影響が見られる。アルバニア語mik-u 'the friend', ブルガリア語kniga-ta 'the book', ルーマニア語om-ul 'the man'; Jakobson, phonologische Sprachbünde（1931）i/ïの対立はヨーロッパからアジアまで広く見られる。

structure 構造。Deep structure（DS, 深層構造）とSurface structure（SS, 表層構造）amor Juliae：DSは2つ（Julia's loving）(loving Julia)
domus Juliae：DSは1つ（Julia's house）
adventus Juliae：DSは1つ（Julia's arriving）

substratum（基層）1. substratum：ラlūna＞フlune [y, ü] ūが [y]

になったのは、そのもとにあったガリア語の影響であるが、そのガリア語は死滅してしまった。

2.　superstratum（上層）：フ guerre, blanc ＜エ war, blank.
英語からフランス語に入った単語であるが、ともに現存している。

3.　adstratum（側層）：フ le chien, un chien, j'ai vu, il est allé ＞ ド der Hund, ein Hund, ich habe gesehen, er ist gegangen.
文法的影響。European syntax の一つである。

syncretism 融合。格の融合、語形の融合を指す。OE stān, stānes , stāne が現代英語は stone, of stone, to stone となり、古典ギリシア語 hoi 'the'（男性複数）と hai 'the'（女性複数）は現代ギリシア語ではともに hoi となった。ドイツ語定冠詞 der, die, das の複数はすべて die となり、フランス語定冠詞 le, la の複数はともに les となった。スペイン語は el の複数は los, 女性 la の複数は las で、ポルトガル語定冠詞 o, a の複数は os, as で、ともに区別が残る。

synecdoche 提喩（補足）。一部で全体を表す。bread for food, pan for alimentos, cabeza for hombre. 日本語でも「パンの稼ぎ手」（bread winner）とか、「頭数」という。

syntax が morphology になる。he love-d の d は did から来た（Boppsche Theorie）。また逆にギリシア語 agorásō 'I shall buy' →現代語 tha agorázō.

syntaxe statique（catégorie）は genre, temps, aspect… を扱う。syntaxe dynamique（fonctions）は nœud verbal（動詞結節, he eats, eats bread）, substantival, adjectival を扱う。Tesnière, Petite grammaire russe（1934）

système（体系）言語は、あらゆるものが関わり合っている体系である（La langue est un système où tout se tient. A.Meillet, 1902, conférence d'ouverture, パリの高等学院における就任講演）。L.Hjelmslev, Sprog-system og sprogforandring.（København, 1972）

tendance（言語変化の傾向）ドイツ語は Tendenz, Sapir は drift と呼ぶ。

ヨーロッパ諸語の一般的傾向は語形の単純化（格の単純化、人称語尾の減少、時制の豊富化）である。Wilhelm Havers, Handbuch der erklärenden Syntax. Ein Versuch zur Erforschung der Bedingungen und Triebkräfte in Syntax und Stilistik（Heidelberg 1931）『説明的統辞論』は統辞法と文体における表現と衝動力を研究する試みで、条件においては民衆の論理、情緒思考、自己中心思考、表現の誤りなどが、衝動力には明晰（Klarheit）、表現の美（Schönheit des Ausdrucks）などがあげられる。ドイツ語wir freuen sich（we are glad）は再帰代名詞の使用法の誤りでwir freuen unsが正しく、フランス語nous s'en allons, vous s'en allez（we leave, you leave）もnous nous allons, vous vous allezが正しいのだが、両者ともラテン語のfuga anomaliae（不規則排除）、つまり統一性への心理が働くためである。ハーファース（1879-1961）はK.Brugmannの弟子でWien大学教授であった。Haversの教え子Prof.Dr.Johann Knobloch（1919-2010）は私のことを君はBrugmann（1849-1919）のUrenkelschülerだよ、と言ってくれた。

t euphonique 母音の衝突を避けるために挿入するt. フランス語aime-t-il 'does he love', donne-t-elle 'does she give' これらのtはdort-il 'does he sleep', vient-elle 'does she come? などの類推で挿入された。E.Bourciez, Éléments de linguistique romane（ouvrage couronné par l'Institut, Prix Volney, Paris, 1923²）, §550.

tmesis（分割、複合形の）ポルトガル語far-lo-ei 'I'll do it'＞fá-lo-ei（目的語のo 'him, it'が不定詞と未来の語尾eiの間に挿入されている。ここではrがlになっている）；ゴート語ga-u-laubjats? 'glaubt ihr?'（疑問助詞uが挿入される）；リトアニア語su-si-tìkti 'to meet each other', àš su-si-tinkù（再帰代名詞の目的語が挿入されている）'I meet with some one'；古代アイルランド語do-s-beir＜*to sons bhéreti 'they bring it'（代名詞目的語が接頭辞と動詞の間に挿入）。bher-「運ぶ」英bear「運ぶ」

trakisk（トラキア語）は、ほとんどギリシア・ラテン語（Rask, 1818,

Adelung Mithridates より）

transition de phonème（わたり音）フランス語 vien-d-rai 'I'll come',
スペイン語も同じ意味で ven-d-ré だが、イタリア語は verrò.

translation du premier degré（L.Tesnière, 1934）ロシア語の例：

dom moegó otcá 'the house of my father'

translation du deuxième degré：

dom, kotóryj vy vídete 'the house which you see'

type analytique：1. plus fort, il chante（prédétermination）

2. je crois pas 'I don't believe'（postdétermination）

type synthétique：3. revenir, impossible（prédétermination）

4. écriv*ez*! fort*e*, blan*che*（postdétermination）H.Geckeler

valeur sémantique（意味の価値）sémantique を見よ。

velours（ビロード, Bonfante）false liaison のこと。ビロードのように、
なめらかに発音できるように、il leur z-a dit 'he says it to them' という。

Vorhof Europas（ヨーロッパの前庭, Décsy の用語）ゲルマン語、ロ
マンス語を指し、改新に積極的である（neuerungsfreudig）。

Wörter und Sachen 語と物（Meringer, Schrader）19世紀に印欧言語
学者は「物」があるからには、それを表す「語」があったはずであるとの見
解から、牛 *gwou-（サ gau-, ギ boûs, ラ bōs）、馬 *ekwo-（サ aśva-, ギ híppos,
ラ equus）などの祖語を推定した。モンブランがお菓子の名であることを
知っていることと、それを実際に食べることは Wörter und Sachen の実例
である。また Vindobona が Wien のラテン名であることと、特急列車
Vindobona 号に乗ること（2003年、第17回国際言語学者会議に参加）とは
Wörter und Sachen の実例である。

Wackernagels Gesetz ヴァッカーナーゲルの法則。アクセントのない
小詞（particle, enclitic）や代名詞は文の2番目の位置にくる。1. ギリシア
語 mén, dé（ところで、しかし、一方）, gár（というのは）など。kreíssōn

gár basileús（Iliad A80, for the king is stronger）2. ゴート語ab-uh-standiþ 'and he falls'; uh 'and'が接頭辞abとstand-の間に挿入される。3. 古代インド語ápa ca tisthati 'and he falls'（サcaはギte, ラ-que, ゴuhと同根）4. 古代アイルランド語do-s-beir＜*to sons bhéreti 'he brings them（*sons）' このsはdo（'to'）とbeir（he brings）の間に挿入される。この現象をtmesis（分断挿入）という。5. 古代ロシア語věra bo naša světū jesti 'for our faith is light'. Jacob Wackernagel（1806-1881）はドイツの印欧言語学者でGöttingen大学教授、古代インド語文法3巻の著者で、父（スイスの詩人）の依頼で生誕時Jacob Grimmが教父であった。

zero（ゼロ）も意味を持っている。he cutはhe cutsのsがないことによって、過去であることが分かる。古代フランス語Georgesは主格だが、Georgeは対格となる。現代ギリシア語Giorgos（ヨルゴスが）、Giorgo（ヨルゴスを）。語根にゼロが現れる場合。*es-はラテン語est 'he is'に、語根*s-はsunt 'they are'に現れる。[pp.79-110 Marouzeau 追記]

Merkel, Emma（De Ole Edda, Berlin, ca.1939）低地ドイツ語『古エッダ』コペンハーゲンのLynge & Sønより1989年購入、200 dkr.（4,000円）はしがきにあるLeiwe Kinners un Luie!（＝Liebe Kinder und Leute）「親愛なる子供たちと大人たちよ」の1行の中にすでに低地ドイツ語の特徴がいくつも見える。Kinners=Kinderでこれはkindの複数がkinderだから、これに-sをつけた二重の複数形だ。英語のchild-r-enと同じである。ndがnnになっているのはデンマーク語と同じ。デンマーク語ではlandがlannと発音される（正確にはlanのあとに声門閉鎖）。und 'and'のdが消えている。luie 'people'=Leute（低地ドイツ語dの脱落）。dの脱落はこの本の書名Ole=Oldeにも見える。最初の単語leiwe= liebeに見えるwはlewen=leben 'live'にも見える。ここに特有の文法でlewen den = lebten, denke den = dachtenがあり、この語法はゴート語のnasida 'er rettete, he saved, rescued'のnasi-daのda 'er tat, he did'と同じである（Boppsche Theorie）。

低地ドイツ語Nadurはドイツ語Naturにあたるが、ラテン語のnatūraがNadurになるはずはない。ドイツ語Tag＝低地ドイツ語dagにならって、ドイツ語NaturをNadurに過剰矯正したものである。なお、著者のMerkelはドイツ連邦首相Angela Merkelと同じ名だが、MerkelはMarkward＝Grenz-hüter（国境守備兵）の意味である。

　この本にはI.C.Ströverのイラストが8枚入っており、これを見るだけでもエッダ（北欧神話）の概要がつかめる。

表紙：天馬スレイプニル（Sleipnir）にまたがり空を駈けるOdin

1. 牝牛（Audhumla）の乳を飲む原巨人（Urriese）ユミルYmir
2. Odinが知恵の泉の水を一口飲むために片目を泉に落とす。右に立っているのはMímir（知恵の神，ラテン語memoria記憶）
3. トールが巨人の国を訪れてハンマーを取り戻す。
4. 女神イドゥンIdunが巨人チャッシThiassiにさらわれる。ワシに変装して襲ってきた。発案者のロキLokiは逃げてしまった。
5. 地獄の女神ヘルHelがアスガルドを訪れる。神々は年老いている。イドゥンの若返りのリンゴがもらえなくなったからだ。
6. オーディンに向かって吠える地獄のイヌ。
7. 兄Baldur（右）向かって弟Hödrに弓を射よ、ロキが言った。
8. バルドゥルとその妻ナナが船に乗せられて、火葬される。

　トールThorはオーディンOdinの長男。妻はシフSif, 長男はウレルUllerで弓の達人、長女はトルードThrud, 次男マグニMagniで「強い」の意味、三男モディModiは「勇気」の意味（…Thor, Vader Odins Irstbarener. Hei hare mee sin Friue Sif veer Kinner. De ölleste het Uller un wer en düchtigen Bogenschütze, dat nächste wer ne Dochter, de het Thrud, un denne kemen noch twei Söhne, de heten Magni, dat het "Stärke", un Modi, dat het tau dütsch "Mut".（10章Thor lihrt wat in Jötunheim, p.63）この部分はエッダのテキストにない内容なので、著者Merkelの解説である。Odin

がMímirの甥（Schwestersohn）など初耳だ。

　人間の住む世界、ミッドガルドにある町をMannheimという（de Stadt up Midgard het Mannheim）とある。このMannheim（mannは「人」、heimは「世界」）という用語もエッダにはない。作者Merkelの創作と思われる。Mannheim（マンハイム）はドイツに実在する人口30万のライン河畔の町で、大学やドイツ語研究所がある。

Merkel 1

［メルケル著『古エッダ』の表紙］

　駿馬スレイプニルSleipnirにまたがり空を駈けるオーディン。地上も天空も海の上も走ることができる。Sleipnirは「すべるように（走る）馬, cf.英slip」の意味で、ロキがメス馬に化けて生んだ子供なのです。

Merkel 2

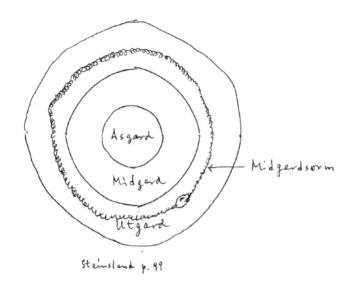

Steinsland p. 99

　北欧神話の三つの世界。中央に Asgard（神々の世界）、その下に Midgard（人間の世界）があり、その周りをミッドガルドヘビがとりまき、その尻尾を口にくわえるほど長い。そのまわりにウトガルド（外の世界、巨人が住む世界）がある。as は「神」（Oslo は神の森）、gard は 'garden' である。

Merkel 3

Die Urkuh Audumla und der Riese Imir.

牝牛の乳を飲む原巨人ユミル（Ymir）

　原初に北に氷の平原があった。そこに一頭の牝牛がいた。Audumla（アウドゥムラ）という名前だった。ああ、おなかがすいたなあ。何か食べるものはないかなあ。アッ、光るものがある。何だろう。塩だ。おいしい！　そこにユミルという原巨人があらわれた。牛さん、お乳を飲んでいいかい。うん、いいとも。牛の乳房は満杯だったので、喜んでミルクを与えた。

Merkel 4

Odin opfert sein Auge für einen Trunk aus der Weisheitsquelle.

　片目を差し出して知恵の泉から水を1杯飲むオーディン。オーディンは万物の父（All-father）だった。知恵の泉の所有者ミーミル（Mímir）は巨人族の出で、たぐいない知恵者であった。ミーミル様、あなたの泉の水を1杯だけ飲ませてください。値段は高いぞ。おまえの目を一つよこせ。オーディンはそれを与え、水を飲んで、たぐいない知恵者になった。だが、右目はめくらであった。だから、右目が髪の毛に覆われて描かれている。ルーン文字を作り、読み書きを神々に教えた。ルーン文字は、ラテン文字が伝わる以前の文字である。ルーン（複数rúnar）は「秘密」の意味である。

Merkel 5

Thor verkleidet als Riesenbraut holt den Hammer zurück.

　花嫁に化けたトールが巨人どもからハンマーを取り戻す。
　巨人は偉大な建築士であった。神々のために宮殿を築いた。値段は女神フレイヤ (Freyja) であった。美の女神フレイヤをよこせだと、とんでもない。トールは花嫁に化けて、巨人の国ヨトゥンヘイム (Jotunheim) に乗り込んだ。巨人どもは大歓迎して、蜜酒（ミード mead）をごちそうした。そして、相手が油断しているすきに、盗まれたハンマーを取り戻した。このハンマーは必ず相手を打ち倒し、持ち主のところに戻ってくるのである。

Merkel 6

Iduna wird vom Riesen Thiassi entführt.
(Er kommt als Adler.) Loki entflieht.

　女神イドゥンが巨人チアッシに襲われた。巨人はワシに姿を変えて、イドゥンをさらって行った。ロキは逃げてしまった。女神イドゥンはリンゴの籠（かご）を持っている。神々がこのリンゴを食べると、老いることがない。籠にはいつもリンゴが一杯はいっていて、減ることはなかったのに。

Merkel 7

Königin Hel erscheint in Asgard bei den alternden Göttern,
denen die Äpfel fehlen.

　死の女神ヘルがアスガルドの老いた神々の前にあらわれる。イドゥンのリンゴがなくなったために、神々も老いねばならなかった。ヘルがお迎えに来たのだ。ヘルのかたわらにいるヘビは兄弟で、邪神ロキのこどもである。ロキは、最初、オーディンに天地を駆ける駿馬を贈り、神々の味方であった。

Merkel 8

Odin und der Höllenhund.

　オーディンに向かって吠える地獄のイヌ。オーディンの息子バルドゥル（Baldr）は神々に愛された光の神であった。そのBaldrが殺されると予言に出たために、殺さないでくれと地獄の女神ヘルにお願いに行くところである。Baldrは「輝く者」der Glänzendeの意味。

Merkel 9

Baldur ist unverletzlich durch Schwüre.
Hödur aber, von Loki angestiftet, erschießt ihn mit dem Mistelpfeil
(die Mistel hat nicht geschworen).

　盲目の弟ホドルが兄バルドゥルを射殺す。
　だが、Odin の願いもむなしく、神々の敵にまわったロキにそそのかされて、弟 Hodr の射たヤドリギ（mistletoe）のために Baldr は倒れた。

Merkel 10

Baldur und Nana's Leichenbegängnis.

バルドゥルとその妻ナナが船に乗せられて火葬される。

121

Michelena, Luis ルイス・ミチェレナ（1915-1987）

サラマンカ大学印欧語・バスク語教授。私は1974年10月から1975年2月まで、サラマンカ大学でミチェレナ先生のもとでバスク語を学ぶ機会を得た。その年度はバスク語の授業がなかったので、Patxi Altuna（パチ・アルトゥナ）の統一バスク語教本（Euskara, hire laguna!）を独習しながら、1週間の間にたまった質問を毎週ミチェレナ先生に答えていただくという方法でバスク語を勉強した。当時、私は弘前大学助教授であったので、往復渡航費は日本国文部省から、滞在費はスペイン政府から得た。サラマンカ大学は創立1218年で、スペイン最古の大学であり、オックスフォード、ソルボンヌ、ボローニャと並ぶ大学であった。スペイン政府からの給費振込がTadeos Himomiyaとなっていた。Tadeosは聖書に出る名であり、スペイン語にはshで始まる単語はない。ミチェレナ先生は、単にバスク人であるという理由でマドリッドの獄中に青春時代を送り、そこで勉強し、Fonética histórica vasca（バスク語の歴史的音韻論, 1960）でマドリッド大学から博士号を取得した。主査はスペインの言語学者Antonio Tovar（アントニオ・トバール, 1915-1985）であった。彼がサラマンカ大学学長の時代に、バスク語の授業が設置された。Tovarは古典語学者であるが、バスク語にもくわしく、La lengua vasca（Monografías Vascongadas, 2）San Sebastián, 1954², 99pp.）の好著があり、Hugo Schuchardt（フーゴー・シュハート, 1842-1927, 生没年がVilhelm Thomsenと同じ）の『バスク語入門』（Primitiae Linguae Vasconum. Einführung ins Baskische, Halle a. Saale, 1923）の再版と解説・文献補遺を行っており、解説と文献補遺が有益。Antonio Tovarは1982年、東京で開催された第13回国際言語学者会議（International Congress of Linguists）で、歴史言語学の全体報告（plenary report）を行った。

Morimoto 森本哲郎『ぼくの旅の手帖、または珈琲のある風景』1973。

この本が『私の読書』執筆の動機になった（2015年7月）。

自分史など、よほどの有名人でなければ、読みたいという気が起こらない

だろう（not inviting to read）。長年お付き合いしている小さなサークルでは別だが。森本は横井庄一（1915-1997）が1973年に救出されたときに、立ち会った。グアム島に28年間。地元の漁師に発見される。

　この本で困るのは執筆年が明記されていないことだ。Heideggerに面会したとあるから、1976年以前であることは確かだ。「タイ、バンコックの憂鬱」で、日本人観光客の傍若無人は、いつのころか。年代が記していないので、とても困る。「ビルバオ行き列車」の中の食事の拷問など、滑稽だ。スペイン国鉄ご自慢のTalgoともあろうものが、食堂車がないのがふしぎだ。

Picnic物語（ピクニックは散々でした）

　Henry Sweet『口語英語入門』Elementarbuch des gesprochenen Englisch（Oxford 1904³）のテキスト（p.101-132）は興味深い日常生活を載せている。The Picnicはその中の短編である（p.125-131）。

時：1800年代

場所：英国Epping Forest（ロンドン郊外）

登場人物：

Mr.Carnaby

Mrs.Carnaby（妻）

Miss Carnaby（長女）

Master Carnaby（長男をこう呼んでいる）

Carnaby夫妻のふたご（twins）

Mr.Hodges（Miss Carnabyの婚約者）

Betsy（maidお手伝い）

1．だれのアイデアかわからないが、カーナビー夫人は8月のある朝、目が覚めると、ピクニックに出かけよう、一日、郊外で過ごそうと決めた。夫が目を覚ますと、その計画を打ち明け、二人で朝食前に準備をした。目的地はエッピングの森（Epping Forest）にしよう。汽車の便利がよいから。実行は次の水曜日だ。水曜日、長男（Master Carnaby）は授業が半日なので、

123

半日休むだけで済む。

2. 水曜日になった。さいわい、好天だ。一行は汽車に乗った。だが、降りるとき、間違った駅に降りてしまったことに気づいた。目指す森には2マイルもある。母親は、子供たちが歩くには遠すぎるし、荷物がたくさんあったので、二輪馬車を雇うことにした。森の中をしばらく行くと、格好の場所に来た。近くにお店があるし、「美しい緑の空き地がありますよ、元気になりなさい」と言っている緑のおじさん像（the Green Man）が手招きしている。カーナビー夫人は手をひいてもらって馬車から降りた。ミス・カーナビーは婚約者のミスター・ホッジスに手を貸してもらって降りた。子供たちは母親が降ろした。お手伝いさんは、かわいそうに、誰も手を貸してくれなかったので、降りるときにつまずいてしまった。長男のカーナビーが飛び降りると、子供たち全員が黒イチゴや鳥の巣探しに走って行った。長男は木に半分登りかけたところで、母親に見つかった。見るとズボンが破れ、上等の衣類も汚れてしまった。長男にとっては、これが不運の始まりだった。乗馬もついていなかった。馬具がはずされると、馬は自由になったとばかり、手始めに、二度三度、けりを加え、跳び込みをし、転げまわろうとした。そして、あいにく、開けたばかりの、食事用のハト肉入りのパイの上に転がり落ちた。そして前足で立ち上がったときに、ジンジャービールの籠を踏んでしまった。しかし、これからが大変だ。馬はグリーンサラダを神妙に食べ始めた。家族のだれも、まだ、食べていないのに。カーナビー夫人は、真っ先に、ジンジャービールがこぼれないように、子供の一人をナイフとフォークの籠の上に乗せた。気の利いた子供だったので、すぐに立ち上がった。ふたごは切り株につまずいて、ハリエニシダの藪（やぶ）の中に顔を突っ込んでしまった。この騒ぎに乗じて、婚約者のミスター・ホッジスが最初にしたことは、ミス・カーナビーの腰に手をまわして、チュッと音をたててキッスをすることだった。そのお返しに、彼女はふざけ半分に彼を一突きしたので、白いズボンのまま、牛がかきまわした泥の水溜りにはまってしまった。牛は

水浴びをしていたのだ。娘の婚約者が、かぜをひかないように、この物語の主人公ミスター・カーナビーは、まず、ブランデーをすすめようと考えた。しかし、ブランデーは食器棚に置いたまま忘れて来たことに気づいた。ミスター・ホッジスは健康のために、緑のおじさん像に歩いて行った。長男（カーナビー坊ちゃん）はブラックベリーを探しに、どこともなく、ひっそり立ち去った。お手伝いは、家族のためにと、ふたごを連れて、見知らぬ下男と一緒に、散歩に出かけた。馬もどこかへ行ってしまった。ミスター・カーナビーは馬を追いかけようとしたが、妻と娘が、ほかの人が帰るまで、どこにも行かないように頼むので、思いとどまった。その後、目に見えるところか、声が聞こえる範囲なら散歩してもよいという許可を得た。妻と娘はシーツを敷き、食べられるものが残っているかどうか見渡した。ハト肉のパイは惜しいことをしたわね。さて、次の料理は、と考えたとき、大事なコールドビーフにブルドッグが足を突っ込んでしまったのだ。ブルドッグは長男がパーティーに潜り込ませて連れて来たのだった。

3. カーナビー夫人はせっかち（fidget）だった。全員が帰って来るまで、気が静まらなかった。全員が揃っても気が静まらなかった。最初に帰って来たのはカーナビー氏だったが、機嫌がわるかった。散歩から帰ろうとしたとき、100ヤードも歩かぬうちに、ヘビのねぐらを踏んでしまったのだ。妻に見つかったら、血が黄疸になってしまうと言われそうだった。二番目に帰って来たのは、ミスター・ホッジスだった。いらいらしていたミス・カーナビーの目には緑のおじさん像からまっすぐに帰って来たのではないことがはっきりしていた。三番目はカーナビー坊ちゃんだった。彼は小さな赤いブラックベリーを3個得たのはよかったが、指を5か所イバラに刺され、どこかの紳士に無断で他人の土地に入ってはいかんと怒られた。ブルドッグのボクサーは4番目だった。彼は3本足で帰って来た。公園のウサギを荒らさないように、猟場の番人に皮膚に6号コショウをたっぷり塗られていた。かわいそうにボクサー（ブルドッグ）がブタのように血を舐めていたので、カー

ナビー夫人が叫んだ。ブルドッグは傷ついているのを夫人が気づいてくれたので、感謝のしるしに、絹の衣装にコショウの皮膚をこすり付けたので、ひどい蹴りをくらった。日傘か雨傘の柄が折れそうなくらいの力だった。お手伝いとふたごは一時間も帰って来なかったので、母親の心配は極度に達した。全員が食事につこうとしたとき、ベツィー（お手伝い）が子供たちと一緒に帰って来た。彼らの口はブルーや赤の汁でよごれていた。一行のなかには植物にくわしい人がいなかったので、彼らが食べたのはノバラ、サンザシ、コケモモ、あるいは毒ナスか分からなかった。しかし母親は「毒」だと確信した。そこで食事の前に、まず、火を焚いて、釜で湯を暖め、子供たちは薬を飲まされた。二か月前、マーゲートに汽船で遠足したとき、海が荒れていたので、気分がわるかったときと同じだった。その後、次のようなことが分かった。彼らは森の中で本物のジプシー女（a real gipsy woman）に出会ったのだ。彼女はベツィーの運を占ってくれた。女主人（ミセス・カーナビー）が森の真ん中で、これから、場違いの目にあうだろうとジプシー女は予言したが、このことは言わなかった（実際、そのような目にあったのだが）。

4. それから、ようやく、食事時になった。特に喜んだのは、おなかがペコペコのふたごだった。しかし、すでに述べたように、馬とイヌ（ブルドッグ）のおかげで、食べ物は、みじめな状態だった。全員がすわって、ミセス・カーナビーが人数を数えると、長男が、またしても、どこかに行ってしまっている。見つかるまでは食事は始められないと母親が言うので、父親が探しに出かけた。息子はすぐに見つかった。濡れた溝に坐って泣いていたのだ。ブルーのスーツの下にはいている茶色のスーツをカキ（oyster）の貝殻にひっかけて、泥だらけになっていたというわけ。父親は、怒りと空腹のため半狂乱となり、いつもの「おとなしく、隠れていろ」の命令をくだし、シダの葉で泥をきれいに落とし、「食事はなしだぞ」とやんわり言って、連れ戻した。すすり泣きがすんで、話しができるようになった。どうしてこんな目にあったんだ、説明しろ、と父親が言った。息子は、散歩していると、森

の中で草を食べている元気なロバを見つけた。鞍と馬勒（ばろく）をつけてはいたが、飼い主はいないように見えたので、ロバの背中に乗った。マーゲート（Margate）では、誰でもそうしているから。ところがロバは突然、まっしぐらに走りだし、森の真ん中にあるジプシーのテントに来て、やっと止まった。彼らは全員が振り向いて、ロバを奪って逃げるとは何事だ、と激しくののしった。突然、魔法にかかったかのように、帽子も、ハンカチも、ポケットに入っていたお金も、全部落としてしまった。「さっさと逃げろ」と言われ、その通り、逃げた。生垣を跳び越えたら、その向こう側は泥沼だった。これを聞いて、母親は恐怖の苦悩に陥った。彼女の気を静めるには、ただちに、ここを片づけて、道端の、もっと人気のない場所に移るしかない。みな、押し合いへし合いしながら、穴場に急いだ。馬は、いつの間にか、逃げてしまっていた。

5.　今度は、ミス・カーナビーが居心地わるくなった。引っ込み思案の性格だったので、人前で食事をするのは気が進まなかった。今日は隣町のマーケットデーだったので、カーナビー一家の「てんやわんや」は大勢の農夫や豚肉屋に見物されていた。そこで、母親は、少し激しい言葉を交わしたあと、娘にロマンチックな風情に浸りたいんでしょ、もっと静かな所へ行きなさいと言った。そして、その通りにした。婚約者ホッジス氏も彼女に付き添って、食事とお茶は、あとにしますと言って、立ち去った。その間、ベツィーは緑のおじさん像のところに黒ビール（stout）を買いに行かされたのだが、怖い目にあったと言いながら、ビールのジョッキが、からっぽのまま帰って来た。なんと、彼女は森の中で、ごろつきにつかまり、黒ビールを全部飲まれてしまったのだ。カーナビー氏は直ちに飛び上がって、ごろつきを罰するために出かけようとした。だが妻は心の平静を取り戻して、夫の上着のうしろの裾をぐいと引っ張ったので、立ち上がる前に大きなプラムパイの上にどっかり坐ってしまった。子供たちがあんなにも楽しみにしていたのに。この様子を見ていた10人ほどのボロを着た餓鬼どもがはやし立てるの

を聞いて、夫が激怒して、ピクニックを企てたのは誰だ、と叫ぶや、参加した全員を呪った。妻はこれにはがまんできない。ピクニックに出かけたからといって、愚かな夫がプラムパイの上に乗っかることはないでしょ、と鋭い声で言い返した。もし娘のミス・カーナビーが突然現れなかったら、この小さな喧嘩が、どんな結果になるか予想もできなかっただろう。彼女は地べたにしゃがみ込んで、キック・ヒステリーと母親が呼んでいた状態に陥った。原因は婚約者のミスター・ホッジスが現れたので、説明がついた。彼は黒い目をしていて、片足を犬に噛まれて戻って来たのだが、二人の男がウサギのための電線を設置するのを見て、その作業を学ぼうとしたのである。

6. ミス・カーナビーがタイミングよく戻って来たので、父親と婚約者は食事を直ちに片づけて、わが家へ帰るのが最善という意見に達した。しかしカーナビー夫人は耳を貸そうとしなかった。一生に一度、森の中でお茶を飲みたかったのに、と言った。ふたごも長男も母親に賛成した。まだ何もお楽しみが始まっていないじゃないの、と子供たちが言った。これは、なるほど、議論の余地はなかった。そこで、薪が集められ、火がつけられ、お釜が煮立った。お茶の道具が並べられ、バターつきのパンが切られ、事態は楽しくなるように見えたので、ホッジス氏は「わが小屋は森のそばにあり」を楽器コンチェルティーナで演奏し始めた。ところが途中で中断せねばならなくなった。男の子の群衆が音楽を聞きに、「田舎のお祭り」を見に集まって来たのである。しかしカーナビー夫人は嬉しかった。「カップからリップまで（飲み物が口に入るまで）には、いろいろあるものよ」(there is many a slip between cup and lip) と言った。彼女がお湯をご自慢のチャイナティーポットに入れようとした瞬間、公園の柵の向こう側で鉄砲が鳴った。マールバラ伯爵夫人の時代（17世紀）と違って、カーナビー夫人は神経を集中させることが出来なかった。彼女は茶釜を大事なティーポットの上に落してしまった。ティーポットは粉々に砕け、茶釜がそのまわりに座った。こぼれたお湯がそばに咲いていたヒナギクやタンポポをうるおした。不運は重なるも

のである。ブルドッグのボクサーは、銃砲を聞いて、吠え声をあげると、まるで6号コショウをもう1オンス塗りつけられたかのように、茶道具のまわりを突き抜けて走り回った。見物人たちは、これを見て歓声をあげ、あらゆる冗談を浴びせ始めた。「噛まれた雑種犬に噛みつく」という、例の精神をもって。彼らは枯れ木を火に投げ込んだので、たき火のような火になってしまった。残った茶道具を標的に投げつけた。大胆な男の子たちは、バターパンを勝手に食べ始めた。戸外では自宅開放すべきであるという原則でもあるかのように。多勢に無勢だったので、相手にはできず、できるかぎり早く駅に戻るしか手立てはなかった。馬を見つけたが、膝が二か所折れていた。砂利坑の建設に興味をもったので、そんな目にあったのだ。(結局、散々な、まことにお粗末な遠足でした)

Pottier, Bernard （ベルナール・ポティエ，1924-）

Présentation de la linguistique. Fondements d'une théorie. Paris, Éditions Klincksieck, 1967）わずか78頁の小冊子だが、言語学のあらゆる分野を網羅し、新鮮なアイデアに富み、百科辞典の感を与える。著者はパリ第4大学一般言語学教授。主専門は意味論とロマンス語である。Gustave Guillaume（1883-1960），Louis Hjelmslev（1899-1965），Lucien Tesnière（1893-1954）をもとに、独自の理論を開発した。

Reuter, Fritz （フリッツ・ロイテル，1810-1874）低地ドイツ語作家の著作全集（Sämtliche Werke, in 18 Bänden, Leipzig, 1904） から Tag und Nacht（昼と夜の対話，Bd.2, p.62-66）を紹介する。

（インドから来た白衣の婦人と黒衣の婦人）

　これは低地ドイツ語の作家フリッツ・ロイテル（Fritz Reuter, 1810-1874）の作品で、昼は白い、花飾り衣装で、夜は黒い衣装で、髪には小さな銀の半月をつけ、金の星で刺繍したヴェールを肩にかけている。

夜：遥かな東洋の国から／蓮の花咲く国から／ガンジス川が波たつ国から／ジャングルの密林から／寺院の廃墟のまわりを聖なる秘密の風が吹く国から

/灰色の石の上に太古の知恵が刻まれている国から/私たちはやって来ました。/二人は似ていない姉妹です。/私は頭に黒い頭巾をかぶり/彼女は髪に花輪をつけています。/私たちが携えているのは真理です。/それをあなたの胸に深く刻んでください!/真理が静かに真面目に潜んでいます。/真理が陽気に笑っています。

昼：軽やかに、羽の生えた足取りで/私は野山を旅します/そして輝く目をもって/暗い世界を照らします/私は空に舞い上がり/雲を光で黄金色に変え/川の中に飛び降りて波を踊りに誘います/私は葉と花々を揺さぶり/それから天に向かって舞い上がり/日光の上に身を横たえ/日光とともに、あなたの胸の中に滑りこみます/西風が軽くささやく中で、あなたのこめかみのまわりを舞っています。/花と色の国/旋律の国は私のものです。

夜：野原を通って軽やかな足取りで/静かな森を散歩します/忙しい生活の場所を/注意深く避けながら。/薄明りから作業します。/香りの中から衣装を/黒い折り目の衣装を広げます/黙って、海と陸の上に。/私をそっと、やさしく、涼しく、山の上に谷の中に置いてください。/私を人間の魂の中に沈めてください。薄明りの月光に乗った私を。/薄明りの月光に乗って/思考があなたの中に入ります。/真面目な考察の国/思考の国は私のものです。

昼：思考（Gedanken）の国があなたのものなら/静かに芽吹いている種があなたの国のものならば/実行（Tat）は私の任務です。/芽が生成にいたるまで/生命にいたるまでは/私の仕事です/命にかえて私がいたしましょう。/あなたに明確な理解を与えましょう/明確な意味を与えましょう/私はあなたに苦労を、労働を/豊かな収穫を与えましょう。/私はあなたを生活の雑踏の中へ案内しましょう/そして道をお教えしましょう/つまずきにあうたびに/正しい、最良の道をお教えしましょう。/歌としゃれを教えましょう/悩みを振り払う方法を教えましょう/あなたの苦しみを/忘却の海に沈めてさしあげましょう。

夜：妹があなたに約束した贈り物/輝きと喜びに満ちた/色とりどりの贈り

物を／私はあなたに差し上げることはできません。／しかし戦いのために、格闘のために／あなたの心が疲れたら／私は手を差しのべましょう。／人生のさまざまの苦労のために／目がくらみ、先が見えなくなったら／あなたの瞼を開けてあげましょう／あなたの静かな心の中に／新しい豊かな世界を／開いてあげましょう。／愛の光で照らしましょう。／竪坑を通って／心の底まで／あなたを案内しましょう／あなたに宝石を探す術をお教えしましょう。／そこにある宝をお教えしましょう／謎の場所をお教えしましょう／生命の泉が湧き出ているところを／神秘な波をたたえて／あらゆる本質がひそむ／生命の泉が宿るところに。

昼：このように私たちは喜んであなたのお役にたちましょう／いつもあなたの味方になりましょう／あなたにイエスと言ったり、ノーと言ったりしましょう／よいときも、わるいときも。／私たちはこの地上のすべてのことを知っています／あらゆる事実を／あらゆる事実の根底にあるものを。／私たちは広い地上の／すべてを見てきました／私たちは知っています、何が起こるか／いつか、何がおこるだろうかを。／もしあなたがそれを信じないなら／あなたを近いうちに納得させてあげましょう／ここに宝くじがあります／さまざまな運命があります。／思いきって指で一枚選んでごらんなさい／それはあなたのものになりましょう／あなたの将来を正しく予言してくれるでしょう。（こう言っている間に夜は用意された二つの壺、花瓶、杯、あるいはほかに何もなければ、二つの展示皿の上に数枚の丸めた紙片を載せて、次の詩が書かれている。「昼」は姉妹が用意した花瓶を、最初に花嫁に差し出して籤を引かせる。「夜」は二つ目の花瓶を花婿に差し出して籤を引かせる。花嫁が籤を引くと、「昼」がそれを取り上げて声を出して読む：）

静かな家庭らしい生活、

喜びは長く、悩みは短い、

将来はほほえみの幸福が。

まじめなまなざしをうしろに向けると

気が沈むような心配はなにもない。

　後悔を暗示する空気はない。

　外にも平和、中にも平和を

　結婚生活の中で得るでしょう。

（次に花婿に花瓶を差し出し、籤を引いたあとで、「昼」が読む：）

　あなたは決して大臣にならないでしょう。

　枢機卿会議に出席することはないでしょう。

　あなたは決してひとかどの者にはならないでしょう。

　あなたの胸が勲章で飾られることはないでしょう。

　あなたが国と民を統治することはないでしょう。

　しかしあなたの妻の心の中に

支配権を容易に獲得できるでしょう。

　ただ、ひたすら彼女の愛を信じなければなりません。

　自分から彼女にたくさんの愛を捧げねばなりません。

（この籤引きは、さらに、出席者の全員に、あるいは数人に陽気に繰り広げ
られる。「夜」は新しい籤の入った紙片で花瓶を満たす。色のついた毛糸で
結ばれた籤と取り違えないようにするためである。引く人は色が決まってい
るからだ。詩の中には何か警句のようなものを添えなければならない。陽気
な警句、すこし鋭い警句、たとえば恰幅のよい、食欲をそそるような男に対
して：）

　運命から逃れることはだれもできない。

　体型はもうおしまいだ。

　あなたの身長はだんだん小さくなる。

　そして幅が広くなる。

　だれかさん、そんなにハムを食べるな。

　そんなにワインを飲むな。

　たくさん飲食すると地球儀のようになってしまうぞ。

真の民主主義者なる大食漢に対して：
あなたの生活の中で最も恐ろしいことを
あなたのために真実を申し上げましょう。
夢にも思わなかったことが
あなたに起こるでしょう。
あなたは、疑いもなく、
驚かないでください、評議員どの、
あなたは、近いうちに－そんなこととんでもない－
あなたは、近いうちに、民主主義者になります。
　　家庭的な、幸福な結婚をした婦人に対して：
この世には濁りのない幸福などありません。
幸福だと思っている人は満足しているだけなのです。
ですから、あなたに幸福などと申しません。
心の安らぎ、満足と申しあげましょう。
心の安らぎ、満足は、いつもあなたにありましょう。それがどこにあるか
が分かるようにしましょう。

Rhein, Der （The Rhine, Le Rhin, ライン川）

　アルプスの少女ハイジの故郷マイエンフェルトを流れ、スイス、ドイツを
流れ、オランダを通って北海に流れ込むライン川の語源は印欧祖語*sreu-
「流れ」である（ギリシア語rhéō流れる）。英語stream, ドイツ語Stromは
s-rの間にわたり音-t-が生じた結果である。

　ライン川は古代ローマの詩人に「ヨーロッパの下水道」（Kloake
Europas）と呼ばれ、同じローマの詩人アウソニウス（D.M.Ausonius, 310-
395）に「いと美しきラインよ pulcherrime rhene」と呼びかけられた。

　ライン川は1200年ごろ成立のドイツ英雄叙事詩『ニーベルンゲンの歌』
の舞台になっている。このNibelungは霧の国（neblinge Unterwelt）の息
子（-ung）の意味で、地下の財宝を管理する小人族である。これを英雄ジー

クフリート（Siegfried）が征伐して、その財宝を引き継ぐ話である。ライン川の左岸、フランクフルトからハンブルクまではヨーロッパ横断特急列車が走り、ライン川の景勝地になっている。

ライン川に寄せるゲーテ（Goethe）の詩。

Einladung　　　　　　　　　　　　招待

Zu des Rheins gestreckten Hügeln,　ラインの広い丘に

Hochgesegneten Gebreiten,　高くそびえる祝福の地に

Auen, die den Fluss bespiegeln, 川を映す草地に

Weingeschmückten Landesweiten　ワイン香る大地に

Möget, mit Gedankenflügeln, 思想の翼をもって案内を

Ihr den treuen Freund begleiten.　忠実な友を。

Was ich dort gelebt, genossen,　そこに生き、享受し、

Was mir all dorther entsprossen,　そこから得たもの、

Welche Freude, welche Kenntnis, 喜びと知識と、

Wär ein allzulang Geständnis!　告白すれば限りない!

Mög' es jeden so erfreuen,　それを喜びなさい。

Die Erfahrenen, die Neuen!　老いも若きも。

詩形は、強弱4歩格（trochaic tetrameter）で、脚韻はabab, abcc, aabbとなっている。

放浪者（Der Wanderer）

　　　　ヘルダーリーン（Hölderlin, 1770-1843）

Seliges Tal des Rheins!　ライン川よ、しあわせな谷よ、

Kein Hügel ist ohne den Weinstock,

　どの丘もブドウの木が、

Und mit der Traube Laub Mauer ブドウの葉が

　und Garten bekränzt,　家々の壁と庭を飾っている。

Und des heiligen Tranks 聖なる飲み物を載せた

sind voll im Strome die Schiffe,　船が川を行く。

Städt und Inseln, sie sind trunken　町も島も

　　von Weinen und Obst.　ワインと果物に酔っている。

Aber lächelnd und ernst ruht タウヌスの高地（ブドウの山）が

　　droben der Alte, der Taunus, ほほえむ。

Und mit Eichen bekränzt 槲（カシワ）の木がドングリ

　　neiget der Freie das Haupt. で頭をかしげている。

　　[Hölderlin は Holunder（ニワトコ）の指小形]

ライン川よ、おまえを洗ってくれるのは、だれか。

　　Wer wäscht den Rhein?

　　　英国詩人 Thomas Hood（1799-1845）

僧侶とその死体の町ケルンで、

殺人的な敷石の町、ケルンで、

浮浪者と、女どもと、売春婦の陰謀の町で、

私は72ものにおいを数えた。

みな、違う、その上、悪臭だ。

下水、沼、穴にいるニンフたちよ！

ライン川は、おまえたちの市を洗い、清めているのだ。

天の神々よ、教えてください、いったい、だれが、この哀れなライン川を

洗ってくれるのか。（トマス・フッド）

　ライン川は詩と伝説を生み、ブドウを栽培し、ワインを作り、遊覧船を運

び、特急列車ユーロシティの乗客を楽しませる。

Romanche（ロマンシュ語紹介）

　スイスはドイツ語（言語人口490万）、フランス語（150万）、イタリア語

（50万）と並んで、第4のロマンシュ語（3万8千，英Rhaeto-Romance, ド

Rätoromanisch, フ romanche）が存在することで、言語学者の関心を呼んで

きた。交通と近代文明の発達にもかかわらず、このような少数言語が元気に

存在していることは、注目に値する。ロマンシュ（romanche）はラテン語 lingua romanica（ローマの言語）のフランス語の形である。

以下は河崎靖・坂口友弥・熊坂亮・Jonas Rüegg共著『スイス・ロマンシュ語入門』（大学書林、2013）の書評である。ロマンシュ語の中で話者数が最も多いスルシルヴァ方言（Sursilvan, Obwaldisch）が中心に扱われ、地誌、文法記述、テキスト、語彙集が与えられている。全体のコンセプトは河崎氏が構成し、重要部分を執筆、他の3人が分担執筆した。本書のフォーマットは田中泰三先生の『スイスのドイツ語』（クロノス、1985）を思い出させる。随所に、現代の生活を思わせる写真が添えられ、参考文献（p.27-29, 147-150）も、くわしい。

序「ロマンシュ語の現状」（河崎, 1-8頁）はスイスの言語人口、グラウビュンデン州の公用語とされるロマンチュ・グリシュン（Rumantsch Grischun）、方言地図、諸方言の用例、ミニ文法が紹介される。指示代名詞「この」の変化quest/quels/questa/questasとか、形容詞「大きい」grond,「より大きい」pli grond,「最も大きい」il pli grondなどを見ると、イタリア語に近いことが分かる。

第1章第1節「ロマンシュ語の文化誌」（Rüegg, 9-29）。ロマンシュ語の英語名レト・ロマンス語のレト（Rhaetia）とは何か。シェルピヨ（André Cherpillod, Dictionnaire étymologique des noms géographiques, Paris, Masson, 1991[2]）によると、レトはエトルリアの王で、ガリア人により北イタリアに追放された。北イタリアのフリウリ語（friulano）もロマンシュ系統だが、こちらのほうは言語人口60万で、スイスのロマンシュ語よりずっと多い。カール大帝の治世下（9世紀）にドイツの役人が浸透し始めて、ドイツ語の影響が始まり、ロマンシュ語圏の縮小が1600年ごろまで続いたが、1900年ごろロマンシュ語のルネッサンス（Renaschientscha Retorumantscha）が国民の間に起こり、今日に至っている。ロマンシュ語圏に属する116の自治体のうち78の小・中学校がロマンシュ語で授業を行い、新聞2紙

と民間ラジオ1局がロマンシュ語を採用しているという。

第1章第2節「ドイツ語との言語接触」（河崎，30-43）。借用語の例として
ラテン語silva「森」の代わりにドイツ語Waldが用いられるようになり、
silvaはSursilvan（Obwalden）、Sutsilvan（Unterwalden）のような地名に
残る。vorkommen「現われる」の表現は翻訳借用されてvegnir avon, gnir
avantなどとなる。ロールフス（Gerhard Rohlfs, Romanische Entlehnungen
aus germanischer Grundlage. Materia romana, spírito germanico. München,
1983）はドイツ語weggehen＝イタリア語andare via（＝andarsene，フs'en
aller）の例をあげている。

第1章第3節「スイスのドイツ語」（熊坂，44-50）。書き言葉としては標準
ドイツ語を使用するが、代名詞の親称「きみ」du（弱形t）が定動詞の直後
に位置するときは、たいてい省略される。Woane gaasch?（きみはどこへ行
くのか）。チューリヒ方言にはフランス語からの借用語が多い。Billeet（＜
フbillet；ドFahrkarte), Gwaföör（＜フcoiffeur；ドFriseur), Schüpp（＜フ
jupe；ドRock), Velo, Welo（＜フvélo；ドFahrrad), retuur, rötuur（＜フ
retour；ドzurück), mèrssi（＜フmerci；ドdanke）など。チューリヒドイ
ツ語Es chunt chaalt「寒くなる」（ドes wird kalt）をロマンシュ語ei vegn
freidと比べると、chunt（来る）がロマンシュ語vegnir（来る）の影響を受
けてwird（…になる）の意味に用いられていることが分かる。ロマンシュ
語のfreidはフfroid, イfreddoである。

第2章「スルシルヴァ文法」（河崎・坂口，51-94）は本書の中核をなす重
要部分である。文字と発音、名詞、代名詞（イタリア語にきわめて似てい
る）、形容詞、前置詞、接続詞、否定、数詞、動詞、助動詞、過去形、再帰
用法、命令法などが扱われている。saun（健康な）の反意語malsaun（病気
の）の接頭辞mal-はエスペラント語bona（よい）、malbona（わるい）を思
い出させるが、反意語mal-は使い過ぎで、不便な場合がある。フランス語
にもmalsain（病気の）があるが、普通はmaladeを用いる（＜ラテン語

male-habitus わるい状態の）。

　第3章「スルシルヴァ方言のテキスト」（坂口，95-115）は4つのテキスト
を短文に分けて語釈しており、とても分かりやすい。この部分を読んでか
ら、ときおり文法の章を参照するとよい。

　第4章「ロマンシュ語語彙集」（河崎、坂口，Rüegg, 116-146）は挨拶など
の基本表現（はい、いいえ、ありがとう、おはようなど）を標準ドイツ語、ス
イスドイツ語、フランス語、イタリア語、スルシルヴァ方言、ラディン方言
で掲げ、スイス旅行に役立つ会話（あなたはスイスで何をしますか、など）
をドイツ語、フランス語、イタリア語で掲げ、全体が実用編となっている。

　食事・買い物・旅行関係の用語は標準ドイツ語、スイスドイツ語、フラン
ス語、イタリア語、スルシルヴァ方言、ラディン方言で掲げている。標準ドイ
ツ語 guten Morgen「おはよう」、guten Tag「こんにちは」、スイスドイ
ツ語 guete Morge, guete Tag を見ると、「朝」と「昼」が区別されている
が、フランス語 bonjour, イタリア語 buongiorno, スルシルヴァ方言 bien di,
ラディン方言 bun di では「朝」も「昼」も同じになっている。giorno（＜
diurnus）と di（＜dies）を比べると、後者のほうが古形を示している。「あ
なたはスイスで何をしますか」のイタリア語は Che cosa fate…?（p.119）よ
りも Che cosa fa…? のほうが普通だと思われる。同様に「空いている部屋
がありますか」（p.121）のイタリア語は Avete ancora stanze libere? はドイ
ツ語 Haben Sie ein freies Zimmer? とあるから Ha una stanza libera? のほ
うがよさそうだ。フランス語 Avez-vous? はイタリア語 Ha? または Ha Lei?
が普通。「このテーブルは空いていますか」のイタリア語 Questo tavolo è
libera?（p.128）は libera を libero にするか Questa tavola è libera? とすべき
である。tavolo は「事務机、レストランのテーブル」、tavola は「食卓」で
ある。古典ラテン語にはこの区別がなく、tabula（板）のみだった。

　随所に現代の生活を思わせる写真が添えられている。参考文献（p.27-29,
147-150）も、くわしい。

アルプスの牧場に遊ぶハイジ（中央）とクララ（右）とペーター（左）。
※株式会社ブティック社刊　よい子とママのアニメ絵本『アルプスの少女ハイジ』より

　本書は日本・スイス国交樹立150周年記念事業とある。人口720万、面積は北海道の半分、平和の国スイスは話題が多い。2014年6月には皇太子殿下がスイスを訪問し、Neuchâtelで英語のスピーチを行った。ヌシャテル「新しい城」は形容詞＋名詞の順序になっているが、同じ意味のシャトーヌフChâteauneufは名詞＋形容詞の順序になっていて、ロマンス語的になっていて、フランスに何か所もある。皇帝AugustusはRhaetiaのワインを好んだそうだ（中川良隆氏の講演「古代ローマを知らずしてワインを語ることなか

れ」2014)。「アルプスの少女ハイジ」(有名なのは1974年放映のテレビアニメ)の舞台Maienfeldは人口4000の町で、Graubünden州にある。マイエンフェルトはショルタ(Andrea Schorta, Rätisches Namenbuch, Bd.2, Bern, 1964)によると、ケルト語magus(野原)の集合名詞magiaに同じ意味のドイツ語feldをつなげた二言語併置名(bilingual name)である。いまはドイツ語圏になってしまった。

　散発的な論文を除けば、本書はわが国最初の本格的な専門書であり、パイオニアとしての試みは成功していると言える。第2版の機会があったら、「スルシルヴァ方言・日本語」のグロッサリーがほしい。できれば語源(ラテン語相当語)もつけてほしい。vin tgietschen「赤ワイン」(p.63)のtgietschenやtedlar「聞く」(p.78)など、Meyer-Lübkeのロマンス語語源辞典に見つからなかったので。『ドイツ文学』150(2014)p.156-158.

Saito Shizuka (斎藤静, 1891-1970)

イェスペルセン『時間と時制』斉藤静・山口秀夫訳。篠崎書林1956. v, 103pp.

　斉藤静(1891-1970)は福井大学教授。斉藤は当時、福井中学校の英語教諭であったが、市河三喜(東京帝国大学教授)や出版社冨山房の助力を得て1931年8月28日ジュネーヴ大学で開催された第二回国際言語学者会議(Second International Congress of Linguists)に日本代表の一人として出席し、English Influence on Japanese(日本語に対する英語の影響)の研究発表を行った。この発表はActes du deuxième congrès international des linguistes(Paris, 1933)に印刷され、今読んでも立派な内容である。

　『時間と時制』の序文によると、「この日、20時30分からClub Internationale(Kursaal)でfellowship-dinner partyが催され、自分も招待されて列席し、そして会がすんでから帰る途中、Otto Jespersen教授と二人きり、Quai de Mont Blancをそぞろ歩きしながら、いろいろな話をしたことであったが、その時、自分は「言語と文法に対する先生の基礎理論ともいうべ

きものを書かれたものが、ございませんでしょうか」とおたずねしたところ、「Tid og Tempus（時間と時制）があります。デンマーク語で書いてあるので読みにくいかもしれませんが、読みたいならば贈ってあげましょう」と答えられたので、「どうぞお願いいたします。大いに勉強して読ませていただきましょう」とご返事したところ、お帰りになられてまもなく送っていただいたのが、この「時間と時制」であった。…この本はコペンハーゲン大学英語学教授Otto Jespersen（1860-1943）の言語哲学、文法哲学の要約と見なすことができる。これが後にThe Philosophy of Grammar（1924）になった。これには半田一郎訳『文法の原理』（岩波書店, 1958, 第10刷1971）がある。

　時間（time）は過去・現在・未来の三つであるが、時制（tense）は英語の場合、過去完了、過去、現在完了、現在、未来、未来完了の6種をもち、それに、それぞれ進行形があるから、非常に多くなる。ロシア語のような場合、進行形はないが、完了（perfective）と未完了（imperfective）のアスペクト（aspect）があり、「明日私は書く」のような場合は完了体現在present perfectiveを用いてJa napišú závtra（ヤ・ナピシュー・ザーフトラ）といい、「毎日私は書く」のような繰り返される場合はJa pišú každyj den'（ヤ・ピシュー・カージュドゥイ・ジェン）という。

　「1回的」（semelfactive, odnokratnyj）であるか「多回的」（multifactive, mnogokratnyj）であるかによって、動詞が異なる。

　現代ギリシア語に関してもこのことは当てはまる。現代ギリシア語「私は（規則的に）書く」はgráphô（グラフォ）といい、「私は（臨時的に、今、今晩）書く」はgrápsô（グラプソ）という。この-s-はアオリスト的なsである。phsはpsとなる。

　『時間と時制』は共訳になっているが、本文は山口秀夫さんの訳であると思われる。誤訳が1個所あるので、指摘しておく。jeg rejser imorgenが（I start in the morning）となっているが、tomorrowである。いまはi morgenと離して書く。p.23も同じである。私ならI leave tomorrow.とする。in the morningのデン

マーク語はom morgenenである。ラテン語cras（明日）がついているのに。

Salamanca（サラマンカ）

スペインのサラマンカ大学で、私は1974年10月から1975年2月まで、ミチェレナ先生（Prof.Dr.Luis Michelena, 1915-1987）のもとで、バスク語を学んだ。Sunny Spainというが、冬は寒い。サラマンカ市の中央に広場（Plaza Mayor）があって、日曜日には、市民も学生も、ベンチに座り、わずかな太陽の日差しをエンジョイしている。そんなとき、東京教育大学でお世話になった福田陸太郎先生の還暦記念論集『英語文化を巡って』（英潮社、1976）の寄稿を求められたときは、とても嬉しかった。私は、早速、「北欧神話と英語」という小論文を書いて、送った。

Seoul（ソウル学会報告, 1996）

1996年6月21日（金）から6月23日（日）までの3日間、ソウルで第4回アジア・ヒスパニスト会議（IV. Congreso Asiático de Hispanistas, 会長 Prof.Dr. Kim-I-Bae）が開催され、私も参加したので、その模様を報告する。これはアジア諸国のスペイン語・スペイン文学・中南米研究の学者のための学会で、第1回が1985年ソウル、第2回が1990年マニラ、第3回が1993年東京（清泉女子大学）で開催されたのに続く第4回である。本来、北京が開催予定であったが、経済的な理由で、急遽、招致を断念したために、1996年1月、ソウルが犠牲的精神を発揮して、身代わりを決断したのだった。プログラムの内容と組織は、関係者の賞賛を得た。

参加者200名のうち、日本からは36名で、その半分は日本の諸大学でスペイン語を教えているスペイン人やメキシコ人であった。日本からの参加者のうち、林屋永吉（もとスペイン大使、中南米諸国の領事、上智大学・清泉女子大学教授、グワテマラ民族叙事詩『ポポルブフPopol Vuh』の翻訳者）、近松洋男（天理大学教授）、西俣昭雄（亜細亜大学教授）および瓜谷良平（拓殖大学教授、1993年没）の4氏に1993年東京大会成功の感謝状と記念品が授与された。

第1日（6月21日）はホテル「教師教育相互基金」（TEMF = Teachers and Education Mutual Fund）で17:00まで登録（registration）があった。受付は若い女性だったので、助手ですかと尋ねると、ソウル大学スペイン語科の正教授（profesora numeraria）とのことだった（後出）。スペイン教育図書出版社Edelsaの図書展示があり、私も何冊か購入した。19:00から21:00の間、歓迎の食事会が行われ、林屋先生を中心に日本人4名、台湾からの代表3名と一緒のテーブルについた。

　第2日（6月22日）は国立ソウル大学で総会があり、スペイン王立アカデミーの番号会員（académico de número）Francisco Rodríguez Adrados, およびスペイン政府関係者の講演があった。アドラドス氏はマドリッド大学のギリシア語教授で、ギリシア語・スペイン語辞典を編纂中だが、アカデミーのスペイン語辞典、スペイン語文法も編纂中で、スペイン語辞典の語源についての話題が中心だった。たとえば、poesía（詩）はギリシア語起源だが、直前の源はフランス語poésieであることを記載しなければならない。アドラドス氏は、私の崇拝するアントニオ・トバールAntonio Tovar（1911-1985, もとサラマンカ大学学長、ラテン語教授、チュービンゲン大学の比較言語学教授、『バスク語概説』第2版、1951の著者）の教え子であり、私の名は1985年、トレドToledoの学会以来、覚えていてくれて、シモミヤ、おまえは1993年の東京大会にはいなかったな、と言ってくれた。私は1993年、清泉女子大学でHacia una tipología del español（スペイン語の類型論のために）を発表したのだが、気後れがして、彼には挨拶をしそびれたことを伝えた。

　昼食は学生食堂で、せっかくの機会なので、韓国料理をいただいた。食後、13:30から14:00の間、キャンパスの休憩室で林屋・近松・西俣・金城・宮越・下宮の6人で談話した。この会議に参加した人たちが今後もコンタクトを保ち、このコングレスを発展させるようにしたい、と。午後のスペイン政府関係者との懇談では、とくにInstituto Cervantesの日本設置の計画が、その後、どのようになっているか、について質問してほしいと林屋さんから

頼まれたので、天理大学の山崎氏のあと、私が質問した。スペイン側は、日本設置に躊躇している様子だった。

第3日（6月23日）はKyung-Hee大学（1949年創立、私立大学、学生数3万）で研究発表が行われた。12の部門に分かれ、私は言語学の部門で「スペイン語と他のロマンス諸語との比較El español vs. otras lenguas románicas」という発表を行った。それに対してモスクワ大学のGrigoriev氏は、いろいろ細かい点をついて講評してくれた。宮越智子氏（青山学院大学国際政治学科4年生）の「日本におけるフラメンコ El flamenco en Japón」はフラメンコの録音テープを聞かせたりして、なかなか好評だった。宮越さんは私の比較言語学の授業に参加していたので、このコングレスのことを伝えると、自分も参加して発表すると決意したのだった。西俣昭雄氏の「アジア諸国におけるスペイン系労働者の問題 Sobre la situación de los trabajadores en los países asiáticos」は、質問が殺到した。

午後の発表のうちでは、モスクワ大学Vinogradov教授の「ロシアにおけるスペイン学の現在と将来Hispanística en Rusia – presente y futuro」と金城宏幸氏（琉球大学講師）の「日本における最もラテン的な地域La región más latina del Japón」を最も興味深く聞いた。ロシアではスペイン語・スペイン学の研究が盛んで、過去30年の間にスペイン学で博士号を取得した者は200名に達し、スペイン語学習人口はテレビ学習を含み50万人である。スペイン学科のある大学はモスクワ、サンクト・ペテルブルク、ノボシビルスク、ハバロフスク、ピャチゴルスクの5つであるが、最後のものはコーカサスの山中にあり、レールモントフの『現代の英雄』の舞台になっている。Pjati-gorsk は「5つの山」の意味である。1935-1936年のスペイン内乱の時代に、スペインから大勢この地域に移住したとのことだった。

金城氏の「日本における最もラテン的な地域」は、南米における日系人の多くは沖縄の出身であり、アルゼンチンの場合、3万人の日系人のうち70％、ペルーの場合65％、ボリビアの場合60％がそれぞれ沖縄の出身であ

るという。彼らの2代目、3代目の子孫が、奨学金を得て、祖国沖縄の大学に留学し、したがって、沖縄が最もラテン的な地域というわけだ。琉球大学では、英語以外の第2外国語の履修者は、ドイツ語416名、フランス語535名、中国語576名、スペイン語624名で、スペイン語が最も多いが、専任教官は、それぞれ7名、5名、2名、1名で、スペイン語の教官が一番虐待されている。

　第3日（6月23日）の17:30-19:00は、参加者のために韓国民族舞踊（danza folclórica coreana）があり、美しい衣装と舞踏を鑑賞した。特に「雪の花」la flor de nieveの、雪の中で舞う少女たちの姿は幻想の世界のようであった。19:30-21:00にKyung-Hee大学のキャンパスでお別れのガーデンパーティ（recepción-cena de despedida）が開催され、この大学の創立者Dr.Young-Shik Chough（法学）、ソウル駐在スペイン大使、スペイン外務省役員と話す機会があった。

　今回の大会会長Prof. Kim I-Baeの娘Kim Un-Kyung（受付で登録を担当していた女性）はマドリッド大学のManuel Alvarのもとで形態統辞論のテーマで博士号を取得し、まだ30そこそこにしか見えないが、現在ソウル国立大学スペイン語科の教授（4名のうちの一人）で、彼女の夫君Kim Han-Sangも同じマドリッド大学の同じ教授のもとで博士号を得て、Kyung-Hee大学教授とのことで、彼氏はバスク語も研究していたので、Antonio TovarやLuis Michelenaの名を知っていた。スペイン大使Zaldívarサルディーバルの名は、案の定、バスク語で、zaldi「馬」、var「谷」（valle）だった。-varはSimon Bolívarにも見える。

　林屋永吉先生は、前日の総会会場の冷房のために風邪をひき、予定より早く帰国したかったのだが、飛行機の空席が得られず、結局、ホテルに一日中、とどまった。

　第4日（6月24日）帰国日。7:00チェックアウト。友人の谷口勇氏（立正大学大学院教授、英語学、ロマンス語学、ロシア語からの翻訳もあり、アラ

ビア語もできる）は、今年の1月、よいテーマを思いついたので、早速申し込んだが、その後、何の音沙汰もなく、参加を断念したのだそうだ。郵便事故としか考えられない。私は彼と同室を申し込んだので、部屋代を支払わねばならなかった。私は7:30ホテルのシャトルバスに乗り、地下鉄駅Yangjaeから3度乗り換えて9:10に金浦国際空港に着いた。ソウルでは、予想外に、空港手数料9000ウォン（1300円）かかった。韓国航空704便は、予定通り11:00に出発し、13:00に成田に着いた。

　ソウル学会の感想は、（1）ソウルは、学問も産業も、高度に盛んであること、ソウル国立大学のキャンパスが東大以上に広く、自然が美しいこと。もう一つの会場であるKyung-Hee大学はSchool of Liberal Arts and Sciences, School of Law, School of Political Science and Economics, School of Oriental Medicine, School of Medicine, School of Dentistry, School of Pharmacy, School of Music, School of Nursingなどをもつ総合私立大学で、幼稚園も同居していた。私が接した学者は、みな、優秀であること、学会に来ていた韓国のビジネスマン（42歳）は多企業の社長で、日本は、いまに沈没するぞ、と言いたげなファイトマンだった。1945年8月、日本から解放されて、韓国は、遅れを取り戻すべく、並々ならぬ努力をしたにちがいない。（2）韓国訪問は、今回、初めてであったが、私自身は、ハングル文字が読めぬため、大いにくやしい思いをした。外国を訪れる者は、その言語を多少は知っておくべきなのに、私はそれを怠ってしまった。

　私の発表したEl español vs. otras lenguas románicas（スペイン語と他のロマンス語との比較）の要旨は、次のとおりである。

1. 総論

1.1 スペイン語は西ゴートの上層（superstrato visigodo）とアラビア語を上層にもつ唯一のロマンス語で、それは地名Burgosブルゴス（ゴート語baúrgs, ドイツ語Burg, 城）、Guadalquivirグワダルキビル（アラビア語al-wādī al-kabīr 'the-river the-big, the big river', 大きな川）に見られる。バス

ク語における接層（adstrato vasco）もある。スペイン語における代名詞の繰り返しは、バスク語の接層かもしれない（A.Tovar）。他の言語：フランス語（ケルト語の基層、ゲルマン語の上層）、ルーマニア語（ダキア語の基層、スラヴ語の接層、バルカン的改新）

1.2. 他のロマンス語にくらべて、ラテン語の古い層が残る：comer（食べる）＜ラテン語com-edere（一緒に食べる）；hermoso（美しい）＜ラテン語formosus（形formaをもった, cf.英語shapely）。M.Bàrtoliは遠隔地に残る古語（archaism in remote areas）と説明するが、ローマから見れば、スペインもフランスも、同じくらいの距離であると思われる。

1.3. 形態法（morphology）における膠着的性格（carácter aglutinante）：una-s casa-s blanca-s 'some white houses', la-s casa-s blanca-s 'the white houses'（B.Pottier 1968）。これをフランス語des maisons blanches, les maisons blanchesと比較すれば、スペイン語のほうが、より膠着的であることがわかる。

1.4. 文化史的には、日本と最も古い関係はスペインで、東洋の使徒、フランシスコ・シャビエル（Francisco Xavier）が日本に宣教したのは1549-1551であった。

2. 正書法

2.1. 規則外のアクセントを正書法で表示することは、スペイン語特有である。アクセントにより、意味を区別することができる。término（期限）、termino（私は終わる）、terminó（彼は終わった）；bésame（私にキスして）、me besa（彼は私にキスする）。

2.2. 疑問符（?）と感嘆符（!）を文あるいは語の前にも後にも上下逆につけるのはスペイン語特有。

3. 音論

3.1. 母音5個、子音19個（E.Alarcos, B.Pottier）。

3.2. 二重母音（ie, ue）が他とくらべて多い（括弧内はポルトガル語）：

147

viento（vento 風）、hueso（osso 骨）

3.3. 鼻母音がない：mano 手, pan パン（ポ mão, pão）

3.4. ciento, diez, cada, cadena（100、10、おのおの、鎖）などにおける［th］［dh］の音はスペイン語特有。

3.5. b と v の混同。発音が同じであるため。1974 年 Salamanca に留学中、そこの寮母が deja la llabe para limpiar la havitación（部屋を掃除するため鍵をそのままにしておきなさい）と書いていた。llave, habitación が正しい書き方である。

3.6. 重子音（consonante geminada）がない：女子名 Ana（Anna でなく）。英語、ドイツ語、フランス語は、みな、子音の重複発音が、にがてである。日本語、フィンランド語、ロシア語はアンナ・カレーニナのように Anna の n を二つ続けて発音することができる。ラテン語 canna はスペイン語で caña（カーニャ、ビール 1 杯）となった。

3.7. 硬口蓋音 ll は他の言語よりも多い。対してのあとはポルトガル・フランス・イタリア・ルーマニア語の順。

caballo（馬）に対して cavalo, cheval, cavallo, cal.

castillo（城）に対して castelo, château, castello, castel

llave（鍵）に対して chave, clef, chiave, cheie

llevar（運ぶ）に対して levar, lever, levare, lua

3.8. h＜f：hacer（する、作る）に対して fazer, faire, fare, face；hijo（息子）に対して filho, fils, figlio, fiu

3.9. 母音前置（prótesis vocálica）: escuela, escola, école に対しイ scuola, ル scoala；estella（星）, フ étoile, ポ estrêla に対しイ stella, ル stea

3.10. 語頭の h：ス haber ポ haver に対してフ avoir, イ avere, ル avea

3.11. 異化（disimilación）：ス árbol（木＜ラ arbor）、イ albero に対してポ árvore, フ arbre, ル arbore；ス marmol（大理石＜ラ marmor）に対してフ marbre, ポ mármore, イ marmo, ル marmurā

4. 形態統辞（morfosintaxis）

4.1. nos-otros（女性 nos-otras）debemos 'we must' スペイン語は「われわれ」の男女を区別することができる（nos と -emos はともに1人称複数を表すが、André Martinet はこれを signifiant discontinu（不連続能記）と呼んだ。フランス語 nous autres Japonais（われわれ日本人）と同じ表現で、フランス語は inclusive "we".

4.2. 二人称敬称 usted, ustedes は vuestra merced（your mercy）から来た（17世紀）。ポ você ＜ vossa mercê, o senhor, a senhora, ル dumneata, dumneavostră ＜ domina voastră

4.3. 目的格代名詞の位置（posición de pronombres atónicos）：フ je le lui donne 'I give it to him' ＝ ス se lo doy, ポ lho dou *or* eu dou-lhou, イ glielo do, ル î li dau；フ je le lui donnerai 'I'll give it to him' ＝ ス se lo daré, ポ dar-lhe-ei（tmesis は文語）

4.4. ス conmigo, ポ comigo 'with me' はラテン語 cum の二重表現（tautólogo）に対してフ avec moi, イ con me, ル cu mine.

4.5. 数詞16をスは10＋6（dieciseis）ポも dezasseis, イ sèdici は6＋10, ル şaisprezece（スラヴ語式に "six-on-ten"）

4.6. ラ secundus, ス segundo, ポ segundo, フ second（deuxième）, イ secondo, ル doilea（doi＋le＜ille）

4.7. 動詞の人称変化：ス voy（行く）、vas, vas, vamos, vais, van（全人称が同じ語根）に対して、ポ vou, vais, vai, vamos, ides, vão, イ vado, vai, va, andiamo, andate, vanno.

4.8. "j'ai été" ＝ ス he sido/estado, ポ tenho sido/estado, イ sono stato, ル am fost.

4.9. "I was there/I went there" ＝ ス fui allí, ポ fui allí（方向性の欠如）

4.10. （動詞の人称不定形 infinitivo pessoal はポルトガル語特有である）cantar-es きみが歌うこと 'that you sing', cantar-mos われわれが歌うこと

'that we sing'.

4.11. 未来形：ラ cantabo 'I'll sing' → ス cantaré, ポ cantarei, フ je chanterai, イ canterò, ル voi cînta（口語 am să cînt, o să cînt）

4.12. "mon ami" = ス mi amigo, un amigo mio, イ il mio amico, un mio amico.

4.13. "il y a deux ans" = ス hace dos años, ポ há dois anos, イ due anni fa, ル acum（＜eccum modo）doi ani.

4.14. 多機能前置詞 a（Mori／Thun 1984）：

ir a la ventana = ans Fenster gehen.

ir al teatro = ins Theater gehen.

ir a Madrid = nach Madrid fahren.

ir a la playa = zum Strand gehen.

busco a mi madre（I am looking for my mother）人間の目的格。

al salir de Madrid（マドリッドを去るときに）

　　ルーマニア語の la も多機能である（＜illac）

4.15. "yes" = ス si, ポ sim, イ si, フ oui（＜hoc ille）, ル da ＜スラヴ語。フランス語以下はロマンス語域における周辺地域の異語（heterogloss）。

4.16. se habla español（スペイン語が話される）= ポ se fala espanhol (fala-se espanhol), イ si parla italiano, フ on parle français, ル se vorbeşte româna.

4.17. 比較級：ラテン語 magis novus（or vetus）→ ス más nuevo／viejo, ポ mais novo／velho, フ plus nouveau／vieux, イ più nuovo／vecchio.

4.18. 対格の a：ス veo a mi madre（I see my mother）, cf. ル o ved pe mama.

4.19. "se lo doy a usted"（I give it to you）のような代名詞の繰り返し（ルーマニア語も）

5. 語形成（formación de las palabras）：

5.1. cortauñas（爪切り）、cumpleaños（誕生日）などの「目的語＋動詞」の複合語。

5.2. 指示語尾 -ito は形容詞にも見られる：ス bonito, pobrecito, poquito.

6. 語法（fraseología）：

6.1. ス buenos días「こんにちは」複数形は、めずらしい。ほかは単数である：ポ bom dia, フ bonjour, イ buon giorno, ル bună dimineaţa.

6.2. ス gracias（ありがとう）、ポ obrigado（女性の場合は obrigada；英語の I am obliged の表現にあたる）、フ merci, イ grazie, ル mulţumesc「私は多くを負うている」が原義。ラテン語 multum, -esc は inceptive 語尾。

6.3. "me gusta el libro" は英語の I like the book とドイツ語の Das Buch gefällt mir にあたる。ポ eu gosto do livro, フ j'aime le livre, イ mi piace il libro, ル îmi plac cartea.

6.4. "estoy enfermo" = ポ estou doente, フ je suis malade, イ sono malato, ル sînt bolnav（ロシア語 bol'nój）

7. ことわざ（refrán）：「ローマは一日にして成らず」はス No se ganó Zamora en una hora「サモラ城は1時間では得られなかった」（1072年、王位継承をめぐってスペイン西南部の城に立てこもった故事による）、フ Paris n'a pas été bâti en un jour, イ Roma non fu fatta in un giorno. ロシアでは「モスクワは一日で建てられたのではなかった」という。

8. 語彙（léxico）：

8.1. フランス語対その他：「家」maison/casa,「肉」viande/carne…（フランス語はラテン語 vīvendae「生きるに必要なもの」より）

スペイン語対その他：「イヌ」perro/cane…

ポルトガル語対その他：「月曜日」segunda-feira/lunes…

イタリア語対その他：「木」albero/ス árbol（最初の r が異化）…

ルーマニア語対その他：「100」sută（スラヴ語より）/ス ciento…；「戦争」război/ス guerra…；「21」douăzeci/ veinte…

全部バラバラ：「こども」フ enfant, ス niño, ポ criança, イ bambino, ル copil（ギリシア語 kopélla より；これはバルカン諸語共通）

8.2. 部分的相違：

1. 「森」：ス bosque, フ forêt, ル padure（＜ラ paludem）

2. 「都市」：ス ciudad, フ ville, ル oraş［オラシュ］＜ハンガリー語 város
［ヴァーロシュ］より。

3. 「おかね」：ス dinero, フ argent, ル bani（原義は貨幣）

4. 「わるい」ス malo, フ mauvais, イ cattivo, ル rău.

5. 「少年」ス muchacho, ポ menino, イ ragazzo, フ garçon, ル băiat

6. 「少女」ス muchacha, ポ menina, イ ragazza, フ petite fille, ル fată

8.3. 放浪語（Wanderwort）の流入経路（cf.Ito 1994）

"café" の場合：（1）トルコ語からルーマニア語へ、イタリア語からフランス
語、ポルトガル語へ。（2）アラビア語からスペイン語へ。

［参考文献］

Collinge, N.E. 1986. 'The New Historicism and its Battle' Folia Linguistica
Historica 7（1986）, 3-19.

Ito, Taigo（伊藤太吾）1994.『ロマンス言語学入門』大阪外国語大学学術研
究叢書第11巻。

Lexikon der Romanistischen Linguistik. 1992. Hrsg. von Gunter Holtus,
Michael Metzelin und Christian Schmidt, Bd.VI, 1. Spanisch. Tübingen,
Max Niemeyer Verlag.

Martinet, André, 1960. Eléments de linguistique générale. Paris.

Mathesius, Vilém, 1930. 'On Linguistic Characterology with illustrations
from Modern English', Actes du Premier Congrès International de
Linguistes 1928, 56-63. Leiden.

Mori, Olga & Harald Thun, 1984. 'Qué rasgo es la preposición española "a"?'
Navicula Tubingensis. Homenaje a A. Tovar. Madrid. 301-307.

Pottier, Bernard, 1968. 'La typologie'（pp.300-322）, 'L'espagnol'（pp.887-905）,
dans "Le langage", ed. A. Martinet, Encyclopédie de la Pléiade, Paris.

Rohlfs, Gerhard, 1971. Romanische Sprachgeographie. München, C.
H.Beckshe Verlagsbuchhandlung.

Shimomiya, Tadao, 1993. 'Hacia una tipología del español' en：Actas del III.

Congreso de Hispanistas de Asia 1993. Tokyo. pp.351-354.

Tovar, Antonio, 1954. La lengua vasca. 2.ed. San Sebastián.

Shimazaki Tōson 島崎藤村 （1872-1943）

『ふるさと（少年の読本）』實業之日本社、1920．著者の少年時代の思い出を綴った70編の作品で、241頁のポケットブックである。竹久夢二の挿絵4点が収められている。藤村は長野県馬籠（まごめ）村の生まれで、9歳のとき、木曽街道の馬籠から、いとこと一緒に2日歩いたところで乗合馬車に乗り、東京へ勉学のために出発した。

『エトランゼエ（仏蘭西旅行者の群）』（春陽堂、1922、432頁）は藤村が42歳から45歳（1913-1916）パリに滞在したときの記録である。小山内薫君はモスクワからパリに寄ったのだが、ここの滞在は9日間というあわただしさだった。午後から私は小山内君と二人でパリの学生町ともいうべきサン・ミッシェルの通りをパンテオンまで歩いた。国のほうに残しておいた子供たちのために玩具を町で買い求めて、それを小山内君に託したいと思ったのだ。去るときに、小山内君は両替屋で大金のにせ金をつかまされ、大変だったろうなあ。その話を私が大寺君（経済学を学ぶためにパリに留学していた）に話すと、「それ見たまえ、フランス人が文明の中心として誇るパリの都にも、偽金と賄賂が行われているんだよ」と言った。

ドイツとフランスは交戦中だった。ドイツの飛行船はパリの市中と市外に爆弾を落として行った。町々の警戒は、いっそうきびしくなってあらゆる街路の燈火も消された。私はけたたましい物音に眼をさました。「ゼエプランだ」私は急いで身支度をした。このゼエプランはツェッペリンのことである。

Society for Enjoying Scandinavia （北欧楽会）

「北欧楽会」20周年おめでとうございます。私が関係した学会はヨーロッパ言語学会、日本言語学会、日本英文学会、日本独文学会、日本ロマンス語学会など数多くあります。私は、いま、町会の15，6人と一緒に小学生帰宅時のパトロールをしていますが、その仲間の間では「学会」というと「創価

学会」なのです。このように、「学会」にもいろいろありますが、「楽会」というのは初めてです。「北欧を楽しみながら学ぶ会」と考えて上記の英語を作りました。

　北欧楽会とのご縁は、2007年12月17日に「アンデルセン童話三題」の講演をしたときです。アンデルセン童話三題は、アンデルセンが出会った三人の女性と、そこから生まれた三つの童話『コマとマリ』『人魚姫』『ナイチンゲール』を紹介したものです。

　北欧の魅力は、私にとっては、(1) アイスランド、(2) デンマークのアンデルセン、(3) ノルウェーのイプセンです。尾崎義先生の『スウェーデン語四週間』が1955年に出たときには、待ちきれなくて、大学書林まで買いに行ったものです。ストリンドベリも好きですが、スウェーデンは、あまり深くは勉強していません。

(1) アイスランドは絶海の孤島、人口32万人、北海道の面積の1.2倍、火山と氷河の国です。西暦874年にノルウェー人Ingólfr Arnarson（インゴウルヴル・アルナルソン）が最初の移民者としてレイキャビクにやって来ました。レイキャビクは「煙湾」の意味です。温泉からわき出る蒸気が煙のように見えたからです。ハラルド美髪王（Harald the Fairhair, 在位872-932）がノルウェーの王になると、その圧政に不満を抱いた人々が、自由を求めて、アイスランドに移住しました。fara út（外へ行く）はノルウェーからアイスランドへ行くという意味でした。不毛の極寒の地で、彼らはノルウェー先祖伝来の神話、伝説、植民物語、家族物語を書き、長い冬の日々を過ごしました。930年、会議平原に民主的な会議、全島会議が開催されました。これはヨーロッパでは、初めての民主的な会議でした。人口は3万人でした。エッダ（北欧神話、英雄伝説）とサガ（散文物語）は、ラテン語が主流であった中世ヨーロッパ文学で特異のものでした。私の『エッダとサガの言語への案内』（近代文藝社、2017年、新書版、180頁）は、そのような内容の入門書で、序説、文法、テキスト・訳注、語彙を含んでいます。この機会を借り

て、紹介させていただきます。

（2）アンデルセン（1805-1875）は、ご存じのとおり、童話の王様です。『人魚姫』や『マッチ売りの少女』は、いまや、世界の物語です。アンデルセンとグリムは私に人間的な言語学を教えてくれました。「人間的」というのは人間的な材料で言語を学ぶという意味です。

（3）イプセン（1828-1906）に、私は1990年代に熱中していました。時代を100年も先取りしたような『人形の家』（1879）に感動し、その材料だけでノルウェー語入門を書きたいと思いました。最初の4分の1ほど書いたあと、それは断念して、『ノルウェー語四週間』（大学書林、1993）を書くことができました。

　私は早稲田大学で森田貞雄先生（1928-2011）の教えを受け、東京教育大学大学院で、生涯の師、矢崎源九郎先生（1921-1967）に巡り会うことができ、幸運でした。私の専門はゲルマン語学・比較言語学で、『グルジア語の類型論』（独文, 1978）や『バスク語入門』（1979）などの著書もあります。
（北欧楽会報告集vol.20, 2017）

Soweto（ソウェト）

　South West Townships. 南アフリカ共和国北東部Gauteng州、Johannesburgの南西にある黒人居住地域（人口60万）。ヨナス・ヨナソン著、中村久里子訳『国を救った数学少女』西村書店2015年。原題「計算ができる文盲」analfabeten som kunde räknaよりもよい。日本語がとても読みやすい。easy to read.

　ソウェトの14歳の黒人少女、汲み取り係ノンベコは文盲であったが、数学と語学には異常な才能をもっていた。幽閉作業場から脱出に成功し、スウェーデンで生まれて初めて自由を享受。母国語（Xhosaコサ語；バントゥー語の一つ）のほかに英語、中国語（上海語）、スウェーデン語もたちまち習得、中国トップの通訳をつとめ、ヨハネスブルク駐在スウェーデン大使に登りつめた。20年間のやっかいなお荷物原爆7号をスウェーデンから撤

去して中国に送り込むことに成功した。

Strindberg（ストリンドベリ）の『結婚物語』より。

アウグスト・ストリンドベリ（1849-1912）の『結婚物語』（Giftas, 1884, 英訳Married, 1913）は結婚にまつわる30の短編集で、わが国にも3種の翻訳がある。そのなかの「秋」を紹介する。

結婚してから10年たっていた。二人は、はたして幸福だったろうか。まあ、幸福だったと言っていいだろう。もっとも、結婚の最初の1年の間は、絶対的祝福としての結婚生活の夢が破れたために、多少の幻滅がなくはなかった。2年目からは子供が生まれ始めた。毎日の生活が忙しくなり、そんなことを考えている暇がなかった。

夫は非常に家庭的であった。あまりに家庭的でありすぎると言ってもいいくらいに。結婚後10年目に、夫は刑務所監察官秘書に任命され、役目上、出張旅行をしなければならないことになった。8月のある日、これからまる1か月もの間、妻や子供たちと別れて暮らさねばならないと考えると、耐えられない気持ちだった。

出発の前夜、彼はソファーに座って、妻が荷造りしているのを眺めていた。アイロン台やかまどの上に屈み込むために、背がまるくなっている。妻は夫のために彼女の美しさを失ったのだろうか。いや、家族みんなが形作っている小さな社会のためにだ。

リンチェーピングのホテルに着いた。首都からお偉方が着くからというので、盛大な祝宴が開かれた。囚人のためにではなく、彼らを監視するためにやってきた者たちのために、である。

祝宴が終わり、ホテルの部屋に、孤独な部屋に戻ると夜になっていた。横になり、葉巻に火をつけた。時間を持ちあまして、カバンの中の本を探そうとして、起き上がった。何もかも整頓して詰められていて、ほじくり出すのに気がひけるほどだった。

彼は妻と話がしたいという必要に迫られた。そこで彼は便箋をとり、机に

座った。どういうふうに書き出したらよいか。今は、昔の婚約者、恋人に宛てたものでなければならない。そこで彼は書いた。昔のように「リリーよ、いとしい人よ」と。

返事が来るまでに二三日かかった。待っている間、彼は子供のように恥ずかしくなったり不安になったりするのを感じた…。こうしてラブレターの交換が始まった。彼は毎晩書いた。そして彼は、またやさしくなった。

彼は毎日書いた。彼女からも、ていねいに、そのつど来た。子供の世話もあろうに、忙しかろうに。夫婦の間に子供が介在してはならない。妻も同じ考えだった。こうして瞬く間に1か月が過ぎようとしていた。再会の日は近い。彼は不安になった。彼女は恋文の中のままだろうか。それとも生活に疲れた主婦だろうか。再会は、婚約時代のヴァクスホルム（Vaxholm）のホテルにしよう。

二人の計画は成功した。昔と同じように食事をし、コーヒーを飲み、彼女がピアノをすこし弾いた。そして1泊した。翌日、家に帰ると子供たちが走り寄って1か月前の父と母に立ち返った。ある晴れた秋の日のことだった。

＊　　＊　　＊

日本での知名度は、アンデルセンやイプセンには及ばないが、スウェーデン文学史では最高峰に位置する。1912年、ノーベル文学賞を与えないスウェーデン当局に憤慨した労働者たちは、貧しい財布の中から拠金し、5万クローネをストリンドベリに贈った。

［注］Linköping は 'flax market' の意味。köping「市場」は Jönköping, Norrköping, Nyköping にも見られ、単に Köping の町もある。köpa「買う」の派生語で、ドイツ語 kaufen「買う」と同じ語源である。名詞形 Kauf「購買、購入」の複合語 Kaufhof「購買御殿」は「デパート」の意味となる。夫とリリーの再会したホテル Vaxholm の holm は Stockholm の holm と同様「島」の意味。ロシア語 kholm（ホルム、丘）はゲルマン語からの借用語である。（『北欧楽会ニュースレター 4，2018』；出典：下宮『ドイツ・ゲルマン文献学小事典』同学社、1995）

Sweet, Henry（アイスランド語入門）

An Icelandic Primer（Oxford at the Clarendon Press, 1887）。扉 に An Icelandic Primer, with grammar, notes, and glossary, by Henry Sweet, M.A. とある。目次は Grammar page 1, Texts : I.Thor p.4, II.Thor and Utgarðaloki p.44, III.Balder p.53, IV.Death of Balder p.54, V. Heðinn and Högni p. 58, VI.Death of Olaf Tryggvason p.60, VII.Auðun p.70, VIII.Thrymskviða p.77, Notes p.83, Glossary p.87, Proper Names p.109 で全体で110頁になっている。文法（10-41）の内容は Phonology 4, Nouns 7, Adjectives 14, Numerals 17, Pronouns 19, Verbs 25, Derivation 37, Syntax 39 である。

　書名は、1200-1350年ごろの言語であるから An Old Icelandic Primer と Old を入れるべきである。それと、with notes ではなく、with texts である。notes（3頁分）もあるが、texts（pp.43-81）のほうが重要だ。文法は derivation（prefixes, suffixes）, syntax も含んでいる。この本は1999年にカナダから55米ドルで入手した。本書は Oxford Catalogue 1969には載っていない。

taste（味、味覚）

　日本語はサクサク、ソクソク、カリカリ、ホカホカ、フックッラ、みずみずしい、など、食、食感、味覚の表現が豊富だ。このうち、サクサク、ソクソクなどは1000年も前からあるという。別腹といえば、お菓子ならまだ食べられる、のような場合に用いられる（I have room for sweets, beer）。umami が国際語になっているらしい。愛用の American Heritage Dictionary（2006）を見ると sweet, sour, salty, bitter（あまい、酸っぱい、塩からい、にがい）についで5番目の味となっている。コペンハーゲンのコックが umami などと言っていた。ウマミは語感がよくない。「美味」「風味」のほうがよい。

Topelius, Sakari（1818-1898）サカリ（Zachris サクリス）・トペリウス作、万沢まき訳『星のひとみ』（1953）星のひとみというのは、星のひとみ

をもったラップランドの少女のことです。ラップランドというのは、国ではなくて、フィンランドの北にある地方の名前です。

　ラップランドの夫婦が雪の山をおりて、家に向かっていました。おなかをすかせたオオカミの群れが夫婦を乗せたトナカイをおそってきました。トナカイは死にものぐるいで走りましたので、お母さんは、抱いていたあかちゃんを落としてしまったのです。雪の中に落とされたあかちゃんの上にお月さまが光を照らしました。オオカミどもが、あかちゃんに飛びかかって、食べようとしましたが、あかちゃんの目にお月さまの光が乗り移っているのを見て、オオカミどもは、すごすごと引き返してしまいました。そのあと、買い物から帰る途中のフィンランドのお百姓が、そのあかちゃんを見つけて、家に連れて帰りました。よかったですね。

　お百姓は三人の息子がいたので、星のひとみは、三人のお兄さんと一緒に、育てられました。星のひとみは、神通力をもっていて、おかあさんの考えていることを見抜いてしまうのです。「牧師さんが来たら、お礼にサケをあげましょう。大きいのをあげようか、小さいのをあげようか、小さいほうにしましょう」と考えていると、おかあさんの心をちゃんと見抜いているのです。星のひとみを三年間育てている間に、こんなことが、たびたびありましたので、おかあさんは、気味がわるくなって、星のひとみを「ラップランドの魔法使いめ」と追い出してしまいました。

　お隣さんに、星のひとみが見つかったところに、連れてっておくれと頼んだのです。帰ってきたおとうさんは、おどろいて、彼女が置き去りにされたところに急ぎましたが、もうそこにはいませんでした。星のひとみがいた間は、畑も家畜も、幸運が続きました。彼女がどこに行ってしまったのか、だれにもわかりません。だれか、よい人にひろわれたことを祈りましょう。

　作者はフィンランド生まれだが、スウェーデン語でこどものためのお話を書いた（Läsning för barn）。ヘルシンキ大学の歴史の教授、その後、学長になった。Topelius は Toppila をラテン語ふうに書きかえたもので、コメニ

ウス（Comenius）もラテン語の形である。

Tovar, Antonio（アントニオ・トバール，1911-1985）サラマンカ大学古典語教授、のち学長。Tovarはバスク語にもくわしく、La lengua vasca（Monografías Vascongadas, 2, San Sebastián, 1954², 99pp.）の好著があり、Hugo Schuchardt（フーゴー・シュハート，1842-1927，生没年がVilhelm Thomsenと同じ）の『バスク語入門』（Primitiae Linguae Vasconum. Einführung ins Baskische, Halle a. Saale, 1923）の再版と解説・文献補遺を行っており、解説と文献補遺が有益。Antonio Tovarは1982年、東京で開催された第13回国際言語学者会議（International Congress of Linguists）で、歴史言語学の全体報告（plenary report）を行った。

　私は『バスク語入門－言語・民族・文化、知られざるバスクの全貌 Manual de lengua y cultura vascas』（パチ・アルトゥナ Patxi Altuna監修；大修館書店、1979、1996⁴、388頁、詳細語彙つき）の扉裏に「本書をアントニオ・トバール先生、ルイス・ミチェレナ先生 Prof.Dr.Luis Michelena（1915-1987）、アランチャさん Arantxa、ブランカさん Blanca、バスクのすべての友人に捧げる」と書いた。

Ukrainian（ウクライナ語）

　中井和夫『ウクライナ語入門』大学書林1991, 2007³ vii, 213頁。著者は1948年生まれ、東京大学名誉教授。ウクライナ問題に多年取り組む。『ウクライナ1917-1945』『多民族国家ソ連の終焉』岩波書店1992、などの著書あり。ウクライナ科学アカデミー 1918年創立。U-krai-naは「辺境地域」の意味である。kraj 'land, region, territory', u- 'by, near', -na, suffix as in davniná 'antiquity', poloví-na 'half', seredí-na 'middle'

［参考書］1. Prof.Dr.St.von Smal-Stockyj：Ruthenische Grammatik. Sammlung Göschen, Berlin und Leipzig 1913.pp.31-56Wortbildungが貴重。

2. Rudnyćkyj, Jaroslav B.：Lehrbuch der ukrainischen Sprache. 5., verbesserte Aufl. Otto Harrassowitz, Wiesbaden, 1992. xvi, 204pp. 著者（1910-1995）は1910年ポーランド東部プシェミシュル（Przemyśl, 当時

Habsburg Galicia）に生まれ、Ph.D. in Slavistics in 1937 at Univ.of Lviv, 1938-40 Berlinのウクライナ科学研究所所員、1941-45 プラハのウクライナ自由大学教授、1949年カナダに移住、1949-76マニトバ大学（Winnipeg）スラヴ研究学科長。『ウクライナ語・ドイツ語辞典』4版（1940,41,42,43）。Zenon Kuzeliaと共編『ウクライナ語・ドイツ語辞典』（10万語、1943, 再版1983）ウクライナ語、スラヴ語一般、地名、フォークロア研究。émigréウクライナ学会で活躍。退官後、Montrealに移る。この本の序文（Vorwort, p.ix-xv）はウクライナ語の歴史、ウクライナ語の弾圧を経て1918年、ウクライナ人民共和国（Volksrepublik）の国語（Staatssprache）として確立した状況を記している。

　ウクライナ語は、ロシア語と異なり、西欧的な性格が次の二点に見られる。

1.　所有：I have a book

　　＝ロ U menja kniga.［ウ・メニャ・クニーガ］

　　　　'by me [is a] book'（私のもとに本がある）

　　＝ウ Ja maju knižku.［ヤ・マーユ・クニーシク］

　　　　'I have book'

2.　未来の表現：I will read

　　＝ロ Ja budu čitat'［ヤ・ブードゥー・チターチ］

　　　　直訳'I am（to）read, 意味はI'll read'

　　＝ウ Ja čitáti-mu［ヤ・チターチムー］

　　　　直訳は'I have to read', 意味は'I'll read'

　　　これはフランス語のje lir-aiと同じ構造を示す。

発音：lis（Wald）, bir（Urwald）

b, d, g, ž, zは語末でも有声音。dib [dib] gen.of dobá 'Tag und Nacht', mid 'mead', niž 'knife', viz 'Wagen'

　部分属格（partitive genitive）がロシア語よりも豊富。

Dajú vodí. 水をグラス1杯与える（Je donne de l'eau.）

Dajú vódu. 水をポット1杯与える（Je donne l'eau.）

Dajú knížki. 本を少しの間、長い間、貸す。

161

Dajú xlïba.［フリーバ］パン1切れさしあげましょう。

　［i̧］は［i］。トルコ語のïと異なる。

Dajú xlïb.［フリーブ］パン1斤さしあげる。[bは語末もb]

Vocabulary（語彙、ヨーロッパ諸語における語彙の統一性と多様性）

L'unité et la diversité du vocabulaire dans les langues européennes.『ロマンス語研究』Studia Romanica 21（1988）

　語彙のことをドイツ語ではWortschatz（単語の宝庫）という。語彙こそは言語財（Sprachgut）の主要部分をなすものである。語彙は言語のなまの部分、材料部分、原料であり、文法はそれを加工し、料理し、食卓に載せるための方法である。統一テーマの一環として、本稿は語彙の通時的（diachronic）な面に重点を置き、そのあとで共時面（synchronic）における問題点に論究する。表題の統一性とは、基本的な語の一つである"be"動詞が印欧諸語に広く共通に見られることを指し、多様性とは、同じく基本語でありながら"have"は語派により異なることを指す。

1. 印欧言語財（indogermanisches Sprachgut）:印欧諸語に共通の数詞や"be"動詞。これは印欧語族成立の有力な証拠となったものであり、他の語族の確立のためにも重要な基準となっている。

　数詞の場合、材料に関しては、1から10までの語、100の語は同じである（サ śatam, ギ he-katón, ラ centum, ゴ hund, リ šimtas, ロ sto）が、1000の語はサ sa-hásram, ギ khîlioi, ラ mīlle（*smī-ghsl-ī）に対してエ thousand, リ túksintas, ロ tysjat' のように、ゲルマン・バルト・スラヴの3語派が異なる語をもっている。また、2桁の数に関しては、フランス語seize（ラ sēdecim, エ sixteen, 6 + 10）、スペイン語dieciseis（10 + 6）、フ vingt et un（エ twenty-one）、ド einundzwanzig（1 + 20, オランダ語、デンマーク語も同様）のように配列される、など、運用の方法に相違が見られる。「11」のエ eleven, ド elf, デンマーク elleve は、ゴート語 ain-lif と同様「1つあまり」の意味である。ルーマニア語unsprezece, アルバニア語njëmbëdhjetë［ëの発

音は ə〕は、スラヴ語（例：ロシア語 odin-nad-cat'アジンナツァチ）にならって"one-on-ten"の言い方をする。また、ケルト諸語は20進法（vigesimal system）を用いるが、デンマーク語とフランス語にも、その名残が見られる（Julius Pokorny によると、これはアルメニア系の鐘形杯民族Glockenbecherleute がヨーロッパにもたらした）。

"be"を表す印欧語根 *es-「…である、居る」がサンスクリット・ギリシア・ラテン・ゲルマン・スラヴ・ケルトの諸語に広く見られるのに対し、所有を表す動詞は、英語 have（*kap-捕らえる）、ラテン語 habeō（*ghabh-与える，英 give）、ギリシア語 ékhō（*segh-つかむ、ド Sieg 勝利）、ロシア語 imét'（原義：取る）のように、言語によって異なっている。これは個別言語的（einzelsprachlich）の例である。

2. ラテン語・ギリシア語起源の文明語彙。

学術用語、教会用語などはヨーロッパ諸語に共通である。言語学・詩学・文法の用語はギリシア語が多い。その理由は、ギリシアこそ、これらの学問の発祥地だからだ。品詞名はラテン語起源である。「言語学」にイタリア語はギリシア語起源の glottologia を好み、他の言語はラテン語起源の linguistics を好む。言語学の雑誌名にも Lingua と Glossa とがある。

月名（Monatsnamen）はラテン語起源で、ヨーロッパ全体に共通であり、近代ギリシア語においても同様である。週の名（Wochentagsnamen）は言語によって異なり、多くの場合は、ラテン語の呼称にしたがって diēs Sōlis = Sunday, dies Lūnae = Monday, lundi のように言う。ロマンス諸語は日曜日を「主の日」という（フ dimanche, ス domingo）。ロシア語は「復活」（voskresenje）、他のスラヴ語は「無・労働・日」（ポ niedziela 'no thing, no work'）という。「月曜日」は「休日の翌日」という。ロシア語 po-nedel'nik「月曜日」は「何もしない（nedel'）日の翌日（po-）」である。曜日名は神名によるもの（deity system）が主であるが、ロシア語のように月曜日から数えて「2日目」（vtor-nik フトールニク、火曜日）、「4日目」

163

（četverg チェトヴィエルク、木曜日）、「5日目」（pjatnica ピャトニツァ、金曜日）と言ったり、ポルトガル語のように日曜日から数えて「2日目」（segunda-feira, 月曜日）、「3日目」（terça-feira, 火曜日）などのように言う。アイスランド語 þriðjudagur「3日目、火曜日」、現代ギリシア語 tríti「三日目、火曜日」はポルトガル語と同じである。

3. 近隣諸語からの借用語（Lehngut aus Nachbarsprachen）。ロマンス語の場合、その統一性（unity, Einheit）は、かなりよく保たれているとはいえ、個々の場合、かなりの離脱（deviation, Abweichung）が見られる。色彩名のような基本的な語彙でさえ、外来語が意外に多い。フランス語 blanc（白い）、bleu（青い）、brun（褐色）はゲルマン語から、スペイン語・ポルトガル語 azul, イタリア語 azzurro（青い）はペルシア語からの借用語である。「戦争と平和」の「戦争」はフランス語 guerre からイタリア語 guerra までゲルマン語からの借用語であり、スペイン語の指小形 guerrilla は英語にも入っている。ルーマニア語の「戦争」război はスラヴ語からの借用である（ロシア語は vojná ヴァイナー）。ロマンス語の「平和」はすべてラテン語 pāx に由来している。

　ロマンス語の場合、「山」はすべてラテン語 mons, montis に由来するが、「森」のフランス語 bois, スペイン語・ポルトガル語 bosque（ボスケ）はゲルマン語からの借用である（cf.英 bush）。「左官」（壁作り）のフランス語 maçon（英語 mason はここから）はゲルマン語 *makja「作る人」（英 make）から、スペイン語 albañil はアラビア語から、イタリア語 muratore はラテン語からの直系、ルーマニア語 zidari はスラヴ語からの借用である（教会スラヴ語 zidū「壁」）。

4. 新語（Neubildungen）、複合語、派生語。

　文明の発達とともに、新語の必要が生じるが、多くの場合、在来語（native words）を用いて複合語や派生語を作る。「鉄道」のド Eisenbahn, フ chemin de fer, ス ferrocarril, イ ferrovia は、いずれも「鉄の道」であり、

164

ロシア語 želéznaja doróga（ジェレーズナヤ・ダローガ）も同じ意味である。英語 railway, railroad だけ異なっている。「飛行機」のフ avion, ス avión は「大きな鳥」、エ airplane は「空中板」、ド Flugzeug は「飛行道具」、ロ samolët（サマリョート）は「自ら samo 飛ぶもの lët」である。samo は samovar（サモワール、やかん、自分で沸くもの）にも見える。「タイプライター」は、英語だけは「活字 type で書くもの writer」、他は「書く機械」（フ machine à écrire, ド Schriebmachine, ロ píšuščaja mašína ピーシュシチャヤ・マシーナ）という。

5. 「よい」と「わるい」。ラテン語 bonus はすべてのロマンス語に保たれているが、その反意語 malus「わるい」は、フランス語では mauvais（< malefatius わるい運命）、や単純語としては j'ai mal à la tête（私は頭が痛い）のような成句的表現に残る。イタリア語の「わるい」は cattivo（< captīvus とらわれた）、ルーマニア語は rāū（< ラ reus 犯人）という。「新しい」と「古い」はすべてのロマンス語に共通である（フランス語 nouveau, vieux など）。「息子」と「娘」はラテン語 filius, filia（原義：乳を与えられた者）がすべてのロマンス語に継承されている。

　興味があるのは、このように共通している場合よりも、むしろ、次項の、ロマンス語内部で異なる場合である。

6. ロマンス語内部での異なり方（einzelromanisch）には種々の型がある。数詞「16」について見ると、イタリア語 sedici（ラテン語 sēdecim < sexdecim）は「6 + 10」、スペイン語 dieciseis は「10 + 6」、ルーマニア語 şai-spre-zece は ‘six-on-ten’（スラヴ語式）となる。また、「愛する」はフ aimer, カタラン estimar, ス・ポ querer（< ラ quaerere 求める）、イ volere bene（ti voglio bene), ル iubiti はスラヴ語からの借用である（ロシア語 ljubit’, 英語 love と同根）。以下に、割れ方の若干を示す。

6.1. フランス語対その他：maison 〜 ス casa, avec 〜 ス con, acheter 〜 イ comprare

6.2.　スペイン語・ポルトガル語対その他：comer 〜フ manger; tener〜フ avoir

6.3.　ポルトガル語対その他：「火曜日」terça-feira 〜フ mardi

6.4.　ルーマニア語対その他：「友人」prieten（スラヴ語より）〜フ ami；「敵」duşman（トルコ語より）〜フ ennemi

6.5.　三言語以上に割れているもの：「町」フ ville, ス ciudad, ル oraş（ハンガリー語 város ヴァーロシュより）；「子供」フ enfant, ス niño, ポ criança, イ bambino, ル copil

6.6.　文法的：形容詞の比較級でフランス語・イタリア語は plūs bellus の型、スペイン・ポルトガル・ルーマニア語は magis formosus の型。

6.7.　「ノー」は non, no, não, no, nu のように共通しているが、「イエス」は oui, si, sim, si, da（ルーマニア語 da はスラヴ語より）のように割れている。「ありがとう」も merci, gracias, obrigado（'I am obliged'）, grazie, mulţumesc（'I owe a lot', ラ multum）のように異なる。

7.　以上の5と6はロマンス語に関して見たものであるが、その上部概念である印欧語全体を眺めた場合にも、当然のことながら、語派単位の割れがある（indogermanische Dialektgruppen）。次のものはゲルマン諸語とロマンス諸語は共通しているが、他の語派とは異なっている（英語とラテン語を代表に挙げる）。

germanisch-romanische Isoglossen：

light：lux

star：stella

fish：piscis

次のものはゲルマン語派とスラヴ語派が共通し、他の語派は異なっている。英語とロシア語を代表に掲げる

germanische-slavische Isoglossen：

love：ljubit'

apple：jabloko

silver：serebro

gold：zoloto

milk：moloko

「水」はゲルマン語・スラヴ語・ギリシア語・ヒッタイト語が共通している：water, voda, hydôr（＜*wed-), watar.「息子」「娘」は広く印欧語域に son, daughter の同系語が分布しており、ラテン語だけが（したがってロマンス諸語も）*dhē(i)-「乳を与える」に由来する filius「乳を与えられた者、息子」、filia「乳を与えられた者、娘」を用いる。ちなみに fēmina「女」も同根語で、「乳を与える者」が原義である。

8. 語形成（word formation, Wortbildung）の観点からは、ゲルマン語が一般に複合語が得意であるのに対して、ロマンス語はこれに弱いとされている。だが、「鉄道」はド Eisenbahn, ス ferrocarril, イ ferrovia, フ chemin de fer で、フランス語以外は複合形成になっている。複合が得意なはずのロシア語は železnaja doroga（鉄の道）で形容詞＋名詞になっている。派生（derivatio）はゲルマン語もロマンス語も非常に盛んである。

9. 語の対義性（antonymy）。

太陽が昇る。The sun rises. Le soliel se lève.

太陽が沈む。The sun sets. Le soleil se couche.

日本語・英語・フランス語は、この場合、対称性がないが、ドイツ語は

Die Sonne geht auf.

Die Sonne geht unter.

のように共通部分をもち、上（auf）下（unter）の方向辞だけで区別がなされる。

同様に、「出口」「入口」について見ると、

英 exit, entrance, フ sortie, entrée, ス salida, entrada, イ uscita, entrata は基体（base）の共通部分がないが、語尾を見ると、フ・ス・イは過去分詞の女性形が用いられていることが分かる。それ以外にも、allée, venue, ida,

167

vueltaなど類例が多い。

ド Ausgang　ギ éxodos　ロ vyxod
　 Eingang　　 eísodos　　 vxod

は基体が共通し、接頭辞だけで区別している。

次は意味論と重なる部門で、意味の領域（champ sémantique, Bedeutungsfeld）であるが、ロマンス語では「男」は同系語を用いるが、「女」はバラつきがある。「男」は一般に「人間」も意味する。

フ homme − femme, ス hombre − mujer, ポ homem − mulher, イ uomo − donna, ル om − femeie

歴史的意味論（sémantique diachronique）は次のような図式で表す。

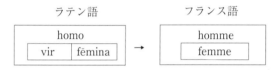

homme − mariのようにドイツ語は両者を区別せず、女と妻については
エ woman − wife, ド Frau − Frau, フ femme − femme（E.Coseriu）のようにドイツ語とフランス語は両者を区別しない。

10. 語彙の整合性。「深い」と「浅い」のような場合、別語を用いるか否か。対称性（symétrie）と非対称性（asymétrie）。

英語 deep：shallow

オランダ語 diep：ondiep（深くない）

フランス語 profond：peu profond

「すこししか深くない」はロマンス諸語に共通である。

「友人」と「敵」について

英語 friend − enemy（＜ラテン語 inimīcus, 友人でない）、ドイツ語 Freund（愛する人）− Feind（憎む人）、アイスランド語 vinur − óvinur（非・友人）、フランス語 ami − ennemi（非・友人）、ラテン語 amicus − inimicus（非・友

人）、ロシア語drug － vrag（両者別語）、ブルガリア語prijatel － neprijatel
（非・友人）。ポーランド語、チェコ語、セルボクロアチア語もブルガリア語
と同じである。

「少年」と「少女」について：

スペイン語muchacho － muchacha, ポルトガル語menino － menina, イタリ
ア語ragazzo － ragazza.

　以上は男性形・女性形だけの区別（Movierung）だが、エboy － girl, ド
Junge － Mädchen, フgarçon － petite filleは別語を用いる。

　最後に「王」「女王」「王の」について：

エking － queen － royal, ドKönig － Königin － königlich, デ ン マ ー ク 語
konge － dronning － kongelig, フroi － reine － royal, ラrēx（＜rēg-s）－
rēgīna － rēgālis, ギbasileús － basílissa － basílikos

　英語は最も整合性を欠き、ド・フ・ラ・ギは整合性が美しく、デはその中
間を示す。

11.　結論：語彙の問題をいろいろな角度から見ると、どの言語が「あらゆる
点で一番ご立派か」は、一概には言えないようである。しかし、ドイツ語と
ラテン語は概して「優」を、英語やフランス語は「良」を与えてもよいので
はないか。しかして「可」を与えねばならぬ言語は、私のとぼしい言語体験
では、まだ見あたらない。基本語彙の問題もある。言語の学習において、語
彙は食品の材料で、文法は料理法（art of cooking）のようなものである。

［主要参考文献］

Buck, C.D. 1971. A Dictionary of Selected Synonyms in the Principal Indo-
　　European Languages. University of Chicago Press.
Rohlfs, G. 1971. Romanische Sprachgeographie. München.
Watkins, C. 1985. The American Heritage Dictionary of Indo-European
　　Roots. Boston.
Zauner, A. 1926. Romanische Sprachwissenschaft. Bd.2. Sammlung
　　Göschen. 4.Aufl. Berlin-Leipzig.

whiskey（ウイスキー）

　whiskeyは18世紀、スコットランドに生まれ、スコッチ・ウイスキーは世界の消費量の6割を占める。語源はスコットランド語uisgebeatha（イスキバハ）「命の水」で、uisge（イスキ）はwaterと同じ語源。beatha（バハ）はギリシア語bíos, ラテン語vivus（生きた）と同じ語源で、「命の水」の意味となる。ウイスキーのフランス語eau-de-vie（命の水）はラテン語aqua vītae（命の水）を訳したものである。英語aquavitは「蒸留酒」と訳されている。ドイツ語ではウイスキーのことをBranntweinという。語源は燃やした（gebrannt「燃やす」，過去分詞）ワインである。スコッチのほかに、アイリッシュ、カナディアン、アメリカン、ジャパニーズがあり、日本のウイスキーは1923年、蒸留所の工場長・竹鶴政孝により製造され、このドラマはNHKの朝のドラマになって、広く伝えられた。飲み方はロック、ソーダ割り、水割り、お湯割りもある。

Yasugi Sadatoshi（八杉貞利, 1876-1966）

　文学士・八杉貞利述『外国語教授法』東京・宝永館発売。ロシヤ語研究は上田万年の指示による。『八杉貞利日記・ろしや路』監修・和久利誓一。図書新聞双書5. 1967. 348頁＋（監修者）xiii. 八杉貞利は東京・浅草に生まれ1900年東京帝国大学言語学科卒業。1901年10月（横浜か）出発、マルセーユ、ベルリン、ワルシャワを経て、12月、露都ペテルブルグに到着。その大学でボドゥアン・ド・クルトネ（Baudouin de Courtenay, 1845-1929）の言語学概論などを聴講した。帰国後、1903年から1937年まで東京外国語学校教授。以後1945まで非常勤。1951年日本ロシヤ文学会創立、会長。戦前の日露協会理事として日ソ両国の親善と相互理解の増進に尽くした。1925年、ソ連科学アカデミー創立二百年祭に国賓として招かれた（ソヴェート遊記一節, 1925, p.339）。ろしあ路（1902）p.321

　次に『国語と文学（露）』岩波講座・世界文学（岩波書店, 1933, 34頁)I. ロシヤ文語の発達p.3, II. ロシヤ語とその脚韻および文体p.12, III. 革命の影響

p.27. の中から一部を紹介する。

bylina（ブイリーナ、古代ロシヤの英雄叙事詩、語源は byl 'he was, it was' で、'that which was' の意味）

V stól'nom gòrode // Kíevè

U láskogo knjàzja // Vladímirà

U velíkogo knjàzja // Večerínka bylà.

花の都キエフの町で

慈しみ深いウラジミル公の館で、

夜会が催された。

1行中に主要な力点が3個あり、各行の最後の音節に従力点がある。

zelkova（ケヤキ、欅）

ケヤキは「けやけき木、際だった木」から、こう呼ばれるそうだ。zelkova は American Heritage には載っていないが、研究社の『リーダーズ英和辞典』（1999^2）には載っている。語源はグルジア語で dzelkva（ゼルクワ）と思われ、Richard Meckelein の Georgisch-Deutsches Wörterbuch（Berlin und Leipzig, 1928）に orientalische Planane, Steinbaum（Zelcowa crenata Spach.）「東洋のプラタナス、石木（括弧内はラテン名, Spach. は不明）」とある。「石木」は dzelkva の語源を示したもので、dzeli は「木」、kva は「石」である。グルジア共和国（首都トビリシ, Tbilisi）の第2の都市クタイシ Kutaisi＜kva-taisi 'Steinstadt' に kva「石」が入っている。Samarkand, Tashkent は、どちらも「石の町」の意味で、samar はイラン語、tash はトルコ語で「石」である。Cherkesi（1950）にはこの語は載っていない。Tamar and Isidore：English-Georgian and Georgian- English（20,000 words, Tbilisi, Ganatleba, 1974）にも載っていない。

私の書棚より40冊（40 books from my bookshelf）
出版年の順。下段に注釈を加える。

1. 『アジア雑誌』第1巻（1822；rp.1965）縮尺38％

Journal Asiatique, ou Recueil de Mémoires, d'Extraits et de Notices relatifs à l'Histoire, à la Philosophie, aux Sciences, à la Littérature et aux Langues des Peuples Orientaux; Rédigé par M.M.Chézy, Klaproth, Abel-Rémusat, Silvestre de Sacy…et publié par la Société Asiatique. Tome premier. Paris 1822. 384pp. 当時のフランスの東洋に対する関心と研究が伺えて興味深い。Abel-Rémusatのフランス王とモンゴル皇帝の政治関係についての覚え書き、Klaprothの台湾の土着語について、Klaprothのグルジア語研究、ドイツの東洋学研究などが載っている。ナウカ17,050円。

2. アンデルセン童話第1集（1837：rp.1935）73%

Eventyr,

fortalte for Børn

af

H. C. Andersen.

Kjøbenhavn.

Forlagt of Universitets-Boghandler C. A. Reitzel.

Trykt hos Bianco Luno & Schneider.

1837.

Eventyr, fortalte for Børn, af H.C.Andersen. Kjøbenhavn, Forlagt af Universitets-Boghandler C.A.Reitzel. 火打ち石、小クラウスと大クラウス、エンドウ豆の上に寝たお姫さま、幼いイーダの花、親指姫、いたずらっ子、旅の道連れ、不朽の名作人魚姫、裸の王様を収める。45d.kr.（1,100円）

3. A.F.Pott『ヨーロッパとアジアのジプシー』(1844) 42%

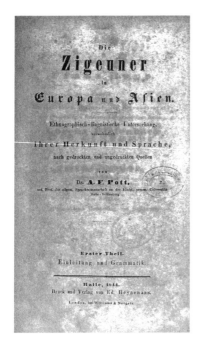

Dr.A.F.Pott：Die Zugeuner in Europa und Asien. Ethnographisch-linguistische Untersuchung, vornehmlich ihrer Herkunft und Sprache, nach gedruckten und ungedruckten Quellen. Erster Theil. Einleitung und Grammatik. Halle, 1844. 当時の習慣か目次がない（Grimmドイツ語文法も同じ）。序論、音論、語形成、Wortbiegung（文法のこと）。ジプシー語は近代インド語の一つで、西暦1000年ごろ、インド西北部から、よりよい土地を求めてアルメニア、トルコ、ギリシア、ルーマニア、ハンガリーに移住し、ドイツ、スペイン、フランスにも入り込んだ。pen palのpalはジプシー語phral（兄弟）に由来し、サンスクリット語bhrātā, 英語brotherと同系である。August Friedrich Pott（1802-1887）はHalle大学一般言語学教授であった。本書を1980年三修社古書部から6,300円で購入した。

4. Schleicher『ヨーロッパの言語』(1850) 42%

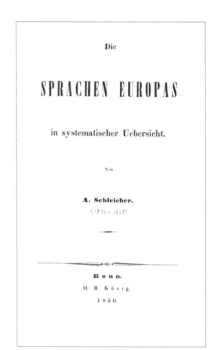

August Schleicher: Die Sprachen Europas in systematischer Uebersicht. Bonn, H.B.König, 1850. x,270pp. 後に有名になる最初の著作である。言語学と文献学、言語の本質と分類、言語史、言語学の方法、ヨーロッパの言語について。一音節語（中国語）、膠着語（タタール語族、モンゴル語、チュルク諸語、フィン諸語、ラップ語、エストニア語、コーカサス諸語、バスク語）、屈折語（セム語族、印欧語族）。ギリシア語とロマンス諸語を一緒にしてPelasgisches Familienpaarと呼んでいる。Serbisch, Kroatisch, SlowenischをIllirisch (Illyrisch) と呼んでいる。Schleicher (1821-1868) は樹系説 (Stammbaumtheorie) とCompendium der vergleichenden Grammatik der indogermanischen Sprachen (1861-2, 1876[4]) の著書がある。本書は1999年に京都の北山書店から15,750円で入手した。

5. メーリンガー『印欧言語学』Leipzig, 1897. 51%

Rudolf Meringer, Indogermanische Sprachwissenschaft. Leipzig, 1897, Sammlung Göschen, 136pp. メーリンガーは執筆時ウィーン大学助教授であったが、本書第2版（1899）のときはGraz大学教授になっていた。書名は印欧言語学であるが、一般言語学的な論述もあり、特にシャルコ（Charcot）連合中枢（Associations-Centrum）は言語をいかに聴覚し、それを言語中枢に伝えるかの図式である。ドイツ人にはカエルの鳴き声がquack!quack!と聞こえるが、アリストパネスにはbrekkekèks koàks koàksと聞こえた、などの記述もある。Hans Kraheの『印欧言語学』には、この種の記述はない。1994年Jan de Rooyよりfl.30（2,100円）

6. H.Sweet『口語英語入門』1904³（49％）

```
ELEMENTARBUCH

DES

GESPROCHENEN ENGLISCH

(GRAMMATIK, TEXTE UND GLOSSAR)

VON

HENRY SWEET

Dritte verbesserte Auflage

Oxford:            Leipzig:
CLARENDON PRESS    CHR. HERM. TAUCHNITZ

M DCCCCIV

[ Alle Rechte vorbehalten ]
```

Henry Sweet：Elementarbuch des gesprochenen Englisch. Oxford, 1904³. 155pp. 音論、形態論、統辞論、テキスト、語彙よりなる。テキストは音声文字で書かれているが、通常の正書法のテキストも添えてある。-ðə -z noubədi ðeə（- は弱音であることを示す）'es ist niemand da' においてðəはweak grade, ðeəはstrong gradeにあるという。このəとeəの母音の相違を Abstufung（Ablaut）という。that［ðət］と that［ðæt］も同様である。最初のテキストは地球はなぜまるいかに始まる。-pijpl juwsttəþiŋkði əəþ wəzəkaindəv flæt keik`（people used to think the earth was a kind of flat cake）のように。最後にグロッサリーがあるが、これも発音記号になっていて、aaftə'nuwn sb. Nachmittagのようにドイツ語で語釈される。1986年Lundの古本屋で見つけた。10skr.（800円）

7. A.Dirr『グルジア語入門』1904（49%）

Theoretisch-praktische Grammatik

der

modernen

georgischen (grusinischen) Sprache

mit

Uebungsstücken, einem Lesebuch, einer Schrift-
tafel und einer Karte.

Von

A. DIRR.
(1847 - 1930)

Wien und Leipzig. 1904
A. HARTLEBEN'S VERLAG.

(Alle Rechte vorbehalten.)

　A.Dirr：Theoretisch-praktische Grammatik der modernen georgi-schen
（grusinischen)Sprache. Wien und Leipzig, A.Hartleben's Verlag, 1904,
169pp. 有名なBibliothek der Sprachenkundeの叢書で、100言語ぐらい出て
いる。1900年前後が最盛期であった。1985年にJan de Rooyから入手した
（50fl. 3,500円）。Theoretischer Teilでは語形成、Deklination, Konjugationが、
Praktischer Teil ではDeklination, Adjektiv, Pronomen, Zahlwort, Adverb,
Postpositionen, Konjunktionen…Das Verbum, Para- digmata, Sein und
Haben…が扱われる。テキスト小話3点は行間に語釈が与えられ、ことわざ
がある。泉井先生が持っておられたので、ほしかった。

8. P.パッシー『ヨーロッパ主要諸語の音声学』(1906) 45%

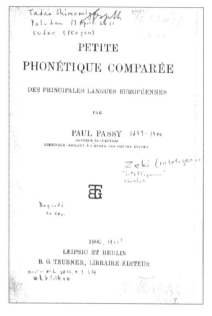

Paul Passy：Petite phonétique comparée des principales langues européennes. Leipsic et Berlin, B.G.Teubner, 1906. 132pp. 非常に丁寧に教えてくれる。269にフランス語のbonne, donne, goûtはドイツ人にはmbɔn, ndɔn, ŋguのように聞こえ、ドイツ語buch, dach, gutは、フランス人には、しばしばpuːx, tɑx, kuːtのように聞こえる、とある。1965年、ドイツ留学のとき、試験官がKrimmと発音するので、困った。Grimmと発音してくれよ。巻末に表音文字の実践として、Je m'appelle soleil（私は太陽です）の小話が音声表記で北フランス語、南フランス語、スイスのフランス語、スペイン語、ポルトガル語、イタリア語、北の英語、南の英語、アメリカの英語、ドイツ語、オランダ語、デンマーク語、ノルウェー語、スウェーデン語、アイスランド語で書かれている。2011年、コペンハーゲンのPaludanで発見して、とても嬉しかった。50dkr.（850円）

9. ベルネカー『ロシア語読本、語彙つき』1916^2 (53%)

Erich Berneker, Russisches Lesebuch mit Glossar. Berlin u. Leipzig, Sammlung Göschen, 2.Aufl. 1916. Texte 1-106, Glossar (3402 words) 108-176. 学問は苦痛ではない (Naúka ne múka) とか愚か者は愚か者をほめる (Durák duraká xválit) などのことわざ、ツルゲーネフの「アルプスの山の会話」、ツルゲーネフの「ロシア語」、クルイローフの童話、プーシキンのオネーギン (抄) などを収める。テキスト106頁に対してグロッサリーが68頁あり、その完備の度合いが伺われる。著者 (1874-1937) はMünchen大学教授。2002年WürzburgのSchönebornより、BernekerのRussische Grammatik, 2.Aufl.1906と2冊で18.50ユーロ (2,000円) だった。

10. A.Meillet『古典アルメニア語比較文法』1936 (39%)

A.Meillet:Esquisse d'une grammaire comparée de l'arménien classique. Vienne, 1936². 205pp. 本書のindexe analytique (p.145-205, P.L.Mariès作成) が有益。語源辞典と本文説明個所の指示がある。ełbayr [エフバイル] がどうして印欧祖語*bhrātēr 'brother'と結びつくのか。bhrの前にeが置かれ (prothèse), ebhr (ebrとなり) brがlbに音位転換 (dissimilé, métatèse) した。Libraire des P.P.Méchitharistes, Vienneから1968年に入手した (US$3.50)。Meillet (1866-1936) は1891年ウィーンとTbilisiに旅立ち、アルメニア語を研究。W.Streitbergの依頼を受けてAltarmenisches Elementarbuch (Heidelberg, 1905) を執筆した。アルメニア語はtun-s 'haec domus', tun-d 'ista domus', tun-n 'illa domus'の3種の指示が接尾される (suffixed)。Meilletの主著『印欧語比較文法入門』はフランス語ではなくドイツ語訳を利用した (Einführung in die vergleichende Grammatik der indogermanischen Sprachen, Deutsch von Wilhelm Printz, Leipzig und Berlin, B.G. Teubner, 1909)。名古屋の欧亜書林より1982年、8,940円。

11. ランケ『古代ノルド語入門』1937 (49%)

　Friedrich Ranke：Altnordisches Elementarbuch. Schrifttum, Sprache, Texte mit Übersetzung und Wörterbuch. Walter de Gruyter, Berlin 1937 Leipzig（この段階でGöschen出版社がグロイター社に吸収されていた）著者（1882-1950）は執筆時Breslau大学教授。この初版は美本で、2000年、Jan de Rooyを訪れた際、長娘のご主人よりいただいた。古代ノルド文学概説、文法、テキスト、語彙。「巫女の予言」Volospáが収められている。Ranke-Hofmannの改訂版（1967）には、これが載っていない。文法には統辞論と語彙（Wortschatz）も欲しかった。筆者の『エッダとサガの言語への案内』近代文藝社（2017）の文法の章には統辞論と語彙も入れた。

12. 小林英夫『言語と文体』(1937) 41%

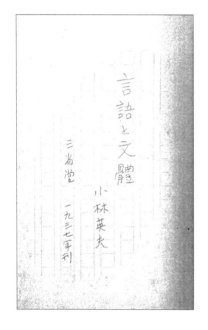

　　　　　　　　　　　　　　1937年、京城大学 (Seoul) に職を得た小林英夫 (1903-1978) は、いままでに書きためておいたものを1冊にまとめた。新村出が序文を書いている。この本は何度も読んだ。何度読んでも、おもしろい。「芥川龍之介の筆癖」など50頁もの大作である。イェスペルセン著『人類と言語』の訳しぶりを評す、など徹底的である。盲目の斉藤百合子さんにエスペラント語を教えた話など感動的である。ソシュールの授業はまことに芸術的であった、などとある。私がどうして言語学を商売とするに至ったか、その動機は、一つには、詩の形態を研究しようという気持ちに導かれたように思う、言語学の橋を渡って詩の世界に達しようとするのは、虹を渡って天に昇ろうとするほど無謀な業だった、とある。1983年、神田の原書房で購入。1,500円。本書 p.71-75 も参照。

13. 泉井久之助『フンボルト』(1938) 68%

泉井久之助（1905-1983, 京大名誉教授）33歳のときの著作である。「この半年あまりの間に私は改めてフンボルトの全集を通読してその業績と人となりとの発展を稍々詳しく窺うことができた」とはしがきにある。あのベルリンアカデミー版全集17巻を半年で通読したというから驚く。小林英夫がソシュールの翻訳とその内容に肉迫したとすれば、泉井先生はフンボルトの真髄に肉迫したといえよう。『フンボルト』は田邊元監修になる『西哲叢書』の一巻で、ソクラテス、プラトン、デカルト、ライプニッツなどが出ている。本書は序説（啓蒙主義、自己育成、シラー、ゲーテ、自叙伝）、言語研究の二部に分かれ、言語の起源とその本質、内的言語形式（innere Sprachform）などが説かれる。1955年、日本書房180円。

14. Emma Merkel『低地ドイツ語版・古エッダ』(c.1939) 41%

　Emma Merkel：De Ole Edda, neederdütsch vertellt. Berlin（ca.1939），223pp. 書名は「低地ドイツ語で語られた古いエッダ」である。古いエッダとは韻文のエッダのことで、Sæmundr Sigfússonサイムンドゥル・シグフーッソン（1056-1133）の作とされる。本文にI.C. Ströverによる挿絵が8枚あり、これだけでも、北欧神話の概略がつかめる。最初に原牛（Urkau）が氷と雪の原野にいた、とある。このUrkauという単語は原典にも、ドイツ語訳Urkuhもない。著者Merkelの筆致が、いたるところに散見される。1989年、コペンハーゲンのLynge & Sønより200dkr.（1,000円）。本書p.110-

15. 泉井久之助『言語学論攷』(1944) 35%

本書は卒業論文「印欧語におけるインフィニティヴの発達」、「最近仏蘭西言語学界の展望」「ポナペ島の生活と言語」「翻訳Trubetzkoyの音韻はいかに記述すべきか」「翻訳Trubetzkoyの形態音韻学morphonologyについて」「フンボルト比較言語研究について」など17編を収めている。この卒業論文は将来の発展をすでに約束しているように見受けられる。ポナペ島は当時フィールドワークが可能であったときの成果である。Trubetzkoy翻訳は当時の潮流にいち早く取り組んだ結果である。新村出（1876-1967）の後任として京都大学言語学教授であった。1975年、日本書房3,700円。

16. 榊亮三郎『解説梵語学』19503（38%）

　奥付に明治40年（1907）2月28日初版、昭和25年2月15日第三版発行（定価500円）、発行所種智院大学出版部とある。文法と練習問題58課（梵文和訳と解答, 266頁）、語彙（124頁）からなる。序文によると、明治36年（1903）旧稿を改め、付巻（語彙pp.1-124）を付して1巻となせり。実は、この語彙こそ貴重なのだ。語源も付してあり、類書Stenzler, Bühler, Gondaのどれよりも使いやすい。1954年、香取書店400円。第5版（1970, 3000円）が『新修梵語学』原著者榊亮三郎、新修者工藤成樹（種智院大学助教授）として出ており、村岡章夫氏（1925-2011）蔵書にあった。

17. Eca Cherkesi『グルジア語・英語辞典』1950（37％）

GEORGIAN-ENGLISH
DICTIONARY

古典文学を読むのに適している.

Compiled by
E. CHERKESI

PRINTED FOR THE TRUSTEES
OF THE
MARJORY WARDROP FUND
UNIVERSITY OF OXFORD
1950

Eca Cherkesi：Georgian-English Dictionary. Printed for the Trustees of the Marjory Wardrop Fund, University of Oxford. 1950.

275pp. 語数は多くないが、古典文学を読むには適している。Cherkesiはチェルケス人の意味か。motxrobiti（能格）はnarrative caseと訳されている（Meckeleinで　はAktivus）。Richard Meckelein：Georgisch-Deutsches Wörterbuch（Berlin und Leipzig, 1928, グルジア国民に本書を捧ぐとある）のほうが語数が多く、巻末の固有名詞も便利だが、私自身はCherkesiのほうに、より愛着を感じ、書き込みも多い。LondonのProf. David Marshall Langから1967年に送っていただいた（30シリング）。Prof.LangはThe Georgians（London, Thames and Hudson, 1966, 244頁）の図版多数の楽しい入門書がある。本格的な辞書はTschenkéli（p.200）である。

188

18. A.Marouzeau『言語学用語辞典』(1951) 34%

Jules Marouzeau：Lexique de la terminologie linguistique. Paris, Geuthner, 19513. 267pp. Marouzeau (1878-1962) はソルボンヌ大学名誉教授、パリ高等学院院長。ラテン語学者であるが、言語学一般にも詳しい。見出しはフランス語の用語で、accent (Akzent, Betonung, accent, stress, accento) のように、ドイツ語、英語、イタリア語が添えられている。本書の内容についてはpp.79-110を参照。言語学入門にLa linguistique ou science du langage. Paris, Geuthner, 1950, 127pp.があり、素人にもわかりやすく言語学を説いている。あなたは言語学者ですか、何か国語を話せますか、などと質問する人は言語学者とポリグロットを混同しているのだ。

19. 前島儀一郎『英独比較文法』1952（42%）

成城大学教授
前島儀一郎著
（発者39歳のときの作）
（1904 - 1985）

英独比較文法

大学書林
1952, 1987*

『英独比較文法』は著者前島儀一郎氏（1904-1985）が39歳のときの作品である。前島先生は京都大学英文科卒、東京大学大学院で市河三喜の薫陶を得、市河三喜・高津春繁編『世界言語概説』（上巻、研究社、1952）の中でスウェーデン語、デンマーク語、ノルウェー語を執筆。京都大学で新村猛氏（名古屋大学仏文科教授）と同窓であった。『英独比較文法』は英語とドイツ語にとどまらず、ゲルマン語全体を視野に音韻論、語形論、文章法、意味論、文体論を論じたもので、この分野で、これ以上の書物は、日本では、まだ出ていない。私が高校2年のときに本書に接し、高津先生の『比較言語学』とともに、将来をスタートした記念すべき本となった。第2版（1987）のときに大学書林からの依頼で「主要参考文献」を追記した。

20. 高津春繁『比較言語学』1953（70%）

　高校2年のとき本書に接して、これぞわが道と悟った。その後、市河三喜・高津春繁編『世界言語概説』（上巻、研究社, 1952）の中の「総論」「ギリシア語」「ラテン語」を知り、『印欧語比較文法』（岩波全書、1954）に接した。しかしこの分野では、主としてH.Krahe, Indogermanische Sprachwissenschaft（Sammlung Göschen, Berlin, 3.Aufl. 1957-58, 2Bde.）で勉強した。旺文社洋書部に勤務していたとき、東大言語学科の助手をしておられた風間喜代三氏から教科書にと10冊注文があった。当時は1巻本（2.Aufl. 1948, 134pp.240円）で、敗戦後のドイツは紙不足で粗末な紙質だった。

21. H.Hempel『ゴート語入門』1953 (54%)

　Heinrich Hempel (Köln大学教授, 1885-1973) はゴート語を初めて学習したときの恩人であるし、dagans (acc.pl.) の語尾がギリシア語クレタ方言 nómons「法律」と同じだと知って感動したものだが、W. Binnigの同名第5版 (völlig neu bearbeitete Aufl.1999, 169頁) は、この貴重な知識を削ってしまった。Hempelは1973年弘前大学の英語学演習でも使用した。だがH. Jantzen：Gotische Sprachdenkmäler mit Grammatik, Übersetzung und Erläuterungen. (Göschen, Berlin-Leipzig, 1914. 126pp.) をより愛用し書き込みも多い。1986年BonnのClementで購入 (DM4.00：400円)。

22. Mayrhofer『サンスクリット語文法』1953 (54%)

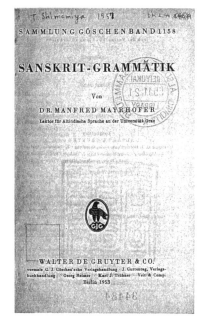

Manfred Mayrhofer：Sanskrit-Grammatik. Sammlung Göschen Band 1158, Berlin, Walter de Gruyter, 1953. de Gruyterはデ・グロイターと読み、der Brauer (醸造人) の意味である。日本の岩波書店のような大手出版社である。このサンスクリット語文法は著者が27歳 (グラーツ大学講師) のときの作品だが、実によくできている。わずか89頁の中に序論 (サンスクリット語の位置、古典サンスクリット文学)、文法、テキスト、辞書、文献、索引を含む。この辞書 (pp.74-81) はわずか242語だけだが、これがとても便利。インド起源のドイツ語 (Brille, Mandarin, Pagode, Punsch, Rupie, Smaragd) など興味深い18行の知識もある。DM2.40 (240円)。第2版 (1965) のとき著者はSaarland大学教授になっていた。この版は110頁に増えたが、辞書も索引もない。英訳 A Sanskrit Grammar. Translated by Gordon B. Ford, Jr. Univ. of Alabama Press, 1972, 115pp. がある。著者 (1926-2011) はウィーン大学教授。第一級の印欧言語学者であった。1957年 Gruyter より (DM2.40)。当時外国の書店に直接注文していた。

23. Ejnar Munksgaard Catalogue (1954) 33%

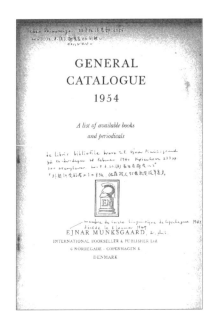

このカタログは268頁からなり、言語学、文学のほか、あらゆる分野を含み、書名を見るだけでも楽しい。Acta Jutlandicaなどもある。Ejnar Munksgaard, Dr.phil.（修道士の庭の意味, 1890-1947）はコペンハーゲン言語学団会員、生誕50歳にde libris. bibliophile breve til Ejnar Munksgaard på 50-årsdagen 28. februar 1940（København, 233pp. 300部）を贈られた。2009年、この本を森田貞雄先生宅で発見し、発起人半田一郎・森田貞雄・下宮忠雄として大学書林社長・佐藤政人さんの75歳祝賀文集（大学書林執筆者29名、63頁、100部、近代文藝社, 2010）を作成した。

24. メイエ・コーアン編、泉井久之助編訳『世界の言語』1954 (30%)

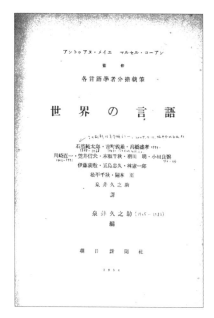

Les langues du monde, par un groupe de linguistes sous la direction de A.Meillet et Marcel Cohen. Paris, Librairie ancienne Édouard Champion. 1924. xvi, 811pp.の全訳および泉井久之助の補遺（ブルシャスキー語、ラティ語、アンダマン語）、用語対訳表（泉井）、索引（関本至）、再補（1954泉井）を加えたものである。朝日出版社（大阪）1954. xxxii, 1237頁。日本語訳者は泉井のほかに石浜純太郎、吉町義雄、高橋盛孝、川崎直一、笠井信夫、木坂千秋、羽田明、小田良弼、伊藤義教、五島忠久、林憲一郎、松平千秋、関本至。泉井の力量の超絶は、すべての語族・語派についての概略と文献補遺（原著初版1924から日本語訳1954までの）を行っていることである。

25. Brandenstein『ギリシア言語学』第1巻 (1954) 54%

Wilhelm Brandenstein：Griechische Sprachwissenschaft, I. Einleitung, Lautsystem, Etymologie. Sammlung Göschen, Berlin 1954. 160pp. 第1巻は序論、音論、語源を扱い、第2巻 (Wortbildung und Formenlehre, 1959), 第3巻 (Syntax I, 1966, IIは中断) に比して、非常に斬新である（プラーグ学派の音韻論が採り入れられている）。実際、Phoneminventarなどは新しい用語だし、著者（1898-1967, Graz大学比較言語学教授）には Einführung in die Phonetik und Phonologie (Wien, Gerold & Co. 1950, WiesbadenのOtto Harrassowitzより1970年DM6,30で入手) の著書がある。Etymologieの章は印欧諸語の音韻比較と歴史、Kombinatorischer Lautwandel, Akzent, Fakultative Lautveränderungen, Bedeutungswandelを論じ、最後に実例が示される。BrandensteinがWien助教授時代、雑誌 Indogermanische Forschungen (61, 1952) の中でmein wissenschaftlicher Assistent Dr. Manfred Mayrhoferが古代インド語語源辞典を準備中なので、資料を送ってほしいという案内があった。1956年、紀伊國屋書店洋書部240円。

26. Martin Lehnert『古代英語入門』1955（54%）

　　　　　　　　　　　　　Martin Lehnert：Altenglisches Elementarbuch. 3.verbesserte Aufl. Sammlung Göschen. Berlin 1955（初版1939）。1990には10版にいたるほどの成功作である。当時著者（1910-1992）はベルリンのHumboldt大学教授。本書は市河三喜の『古代中世英語初歩』（研究社、1935）とともにお世話になった。Lehnertの本書はゲルマン語比較文法への教師でもあった。音論と形態論のみだが、徹底的にゲルマン語比較文法の観点から叙述されており、その語彙がすごい。etymologisches Wörterbuch（同じ著者の同じ叢書Beowulf, 1949）なのだ。これだ、これでなければならない！　それ以後、私のバスク語入門、ノルウェー語四週間、デンマーク語入門、エッダとサガの言語への招待、オランダ語入門にこの方式を実践した。統辞論と語彙論はなく、テキストは市河三喜のほうがずっとよい。1957年GruyterよりDM2,40.

27. Collier's Encyclopedia (1956) 26%

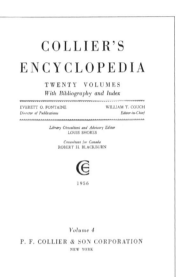

Collier's Encyclopedia in twenty volumes, P.F.Collier & Son Corporation, New York, 1956 は最初の3巻が欠けていて17巻 (8,500円) が神田の古本屋に山積みされていたのを発見して購入した。当時下宿していた新宿区天神町の下宿まで自転車で3回に分けて運んだ。これは宝くじに当たったようなものだった。言語学担当がProf.Giuliano Bonfante (1904-2005) で当時Princeton大学ロマンス語科教授だった。Bonfanteはロマンス語のみならず、ラテン語、ギリシア語、スラヴ語、サンスクリット語、その他のインド語にも詳しく、アイヌ語まで執筆している。一般言語学や文字にも詳しく、どの項目からも得るところが多かった。天神町→町田→弘前大学→学習院大学→所沢市上新井の自宅まで、何度も引越し、今も現役である。この百科事典の第2版 (1960) のlinguistics editorはAndré Martinetとなり、初版の魅力を失った。知名度はMartinet (1908-1999) のほうが高く、そのÉléments de linguistique générale (Paris, 1960) は繰り返し読んだ。

28. トゥルベツコイ『音韻論の原理』1958 (30%)

N.S.Trubetzkoy: Grundzüge der Phonologie. Göttingen, Vandenhoeck & Ruprecht, 2.Aufl.1958. 初版 Travaux du Cercle Linguistique de Prague, 7. Praha, 1939, 272pp. 長嶋善郎訳『音韻論の原理』岩波書店、1980, xi, 377pp.

プラーグ学派の音韻論は機能的音声学（Martinet：phonétique fonctionnelle）である。機能的とはdistinctive（示差的，弁別的）のことである。英語 right：light, rice：lice, rate：late に おいてrとlは意味を区別するのに役だっている。日本語にはこの機能はない。'ame「雨」とa'me「飴」は高低アクセントで区別される。お菓子（低・高・低）、岡氏（高・低・低）、お貸し（低・高・高）も同様である。Trubetzkoy（1890-1938）はモスクワの貴族の出身であったが、1917年の革命ですべてを失った。1922年、ウィーン大学スラヴ語教授になったが、病床についたあと、本書の最後を妻（Vera Trubetzkaja）に口述筆記させた。あと20頁で完成という段階で没した。本書は200言語の音韻体系をもとに音韻論の原理を構築せんとしたものである。R.Jakobsonの伝えるAutobiographische Notizen von N.S. Trubetzkoy（pp.273-288）は感動的である。TCLP（= Travaux du Cercle Linguistique de Prague）第6巻は第4回国際言語学者会議（Copenhagen 1936）に捧げられた巻で、この学派の活動を知ることができる。栗原成郎「トゥルベツコイ『音韻論の原理』」言語学名著再読、『言語』2006年3月

29. チュヘンケリ『グルジア語入門』1958（35%）

EINFÜHRUNG
IN DIE
GEORGISCHE SPRACHE

VON
KITA TSCHENKÉLI

BAND 1
THEORETISCHER TEIL

AMIRANI VERLAG
ZÜRICH (SWITZERLAND)

Kita Tschenkéli：Einführung in die georgische Sprache. Bd.I. Theoretischer Teil. xlii, 628pp. Bd.II. Praktischer Teil. x, 614pp. Zürich, Amirani Verlag, 1958. 1966年冬学期から1967年春学期まで私はBonn大学でProf.K.H.Schmidt先生（1929-2013）からグルジア語入門の授業を受けた。そのときの教科書である。2巻で63マルク（6,000円）だった。受講者は新約聖書専攻の学生、トルコ語専門の学生、と私であった。先生は当時Münster大学教授で、隔週（vierzehntäglich）にMünsterからBonnまで通勤していた。著者チュヘンケリ（1895-1963）は1936年Hamburgで政治学博士（Grundzüge der Agrarentwicklung in Georgien）、1961年著書『グルジア語入門』でDr.phil. h.c.Zürichを得た。Tschenkéliには最後の著作となったGeorgisch-Deutsches Wörterbuch. Zürich, 1960-1974（seit 1964 bearbeitet von Yolanda Marchev, mit Hilfe von Lea Flury）がある。児島康宏『ニューエクスプレス・グルジア語』（白水社、2011）が便利。

30. ヤン・デ・フリース『古代ノルド語語源辞典』1960 (31%)

　Jan de Vries：Altnordisches etymologisches Wörterbuch. 2.Aufl. Leiden, E.J.Brill, 1962. 古代ノルド語とは、ここではAltwestnordisch (= Altisländisch と Altnorwegisch, 主要部分はエッダとサガ) を指す。固有名詞も含まれているので、非常に便利。序論でノルド語から英語に借用された単語、ノルド語からフィンランド語に借用された単語などが列挙されている。著者 (1890-1964) は Leiden大学教授。PaulのGrundriss der germanischen Philologieの中にBd.12 Altgermanische Religionsgeschichte (1941), Bd. 15-16 Altnordische Literaturgeschichte (1941-42) の著書があり、『オランダ語語源辞典』もある。その縮小版Etymologisch woordenboek (aula-boeken, Utrecht-Antwerpen, 1966) も便利。

31. 前島儀一郎『英仏比較文法』1961 (42%)

『英仏比較文法』はロマンス語比較文法への序論ともなっている。序説、ラテン語とゲルマン語の比較、ラテン語よりロマン語へ、ロマン語的発展、印欧語、ゲルマン語より英語へ、そして、本論は、前書『英独比較文法』と同様、文章法、意味論、文体論も扱っている。新村猛氏からの依頼で、名古屋大学でフランス語学を教授する機会を得てからは古代フランス語も教え、「最近は、古代フランス語を、古代英語と同じくらいに楽に読めるようになりました」とお手紙をいただいたことがある。当時、私自身は弘前大学にいて、授業とは関係なく、Marie de Franceのイソップ物語 (Max NiemeyerのRomanische Texte) 読んでいたのだが、Glossarつきでもむずかしかった。先生には没後出版の『英独仏・古典語比較文法』大学書林1989がある。

32. Johann Knobloch『言語学辞典』第1分冊 (1961) 25%

　Sprachwissenschaftliches Wörterbuch Bd.1.1986, 895頁（=Lfg.1, 1961-Lfg.11, 1986）, Bd.2.Lfg.1 (1988), Lfg.2 (1991), Lfg.3 (1998)で中断している。書名にはin Verbindung mit…となっており、自分の師であるWilhelm Havers (Wien) を初め多くの学者に原稿を送り、加筆・補充などをして貰った。その後、言語学辞典は多く出ているが、本書の特徴は術語の出典が詳細で、ギリシア・ローマにさかのぼり、類書に例を見ない。例にErgativ（能格, p.817）を見ると、[Finck, Haupttypen 134], georg.motxrobiti (zu motxroba 'Erzählung' gebildet) →Narrativus [Erckert, Spr.d.kaukas. Stammes] となっている。編者Johann Knobloch (1919-2010) はチェコのZnaimに生まれ、Wien大学で印欧言語学、コーカサス諸語、古代オリエント文献学、スラヴ語、ジプシー語を学び、1963-1984ボン大学比較言語学教授（1967以後L.Weisgerberの講座を引き継ぎ一般言語学も）であった。

33. K.H.Schmidt『南コーカサス祖語研究』1962（31%）

Karl Horst Schmidt：Studien zur Rekonstruktion des Lautstandes der südkaukasischen Grundsprache（Abhandlungen für die Kunde des Morgenlandes, xxxiv, 3）Wiesbaden 1962. xiv, 160pp. 著者のHabilitationsschrift（教授資格論文）である。その師Gerhard Deeters（1892-1961）に捧げられている。本書は第1部Systematik（pp.1-91）, 第2部Index（92-160）からなり、第1部ではコーカサス諸語概説, Sprachmischung言語混合, 南コーカサス諸語の親族関係、アクセント、母音、子音、Dissimilation, Metatheseなどが扱われ、第2部は約500の単語の語源、音韻対応が詳細に記され、Etymologisches Wörterbuchになっている。K.H.Schmidtの博士論文はDie Komposition in gallischen Personennamen（1962）で、教授資格論文とはまったく異なる分野であった。泉井先生みたいである。ガリア人名はDēvo-gnāta（神から生まれた）のように、印欧諸語と同様、複合語が多い。私は1966-67年、ボン大学でグルジア語の授業を受ける幸運をもった。先生はMünster大学を経て、1967年、Weisgerberの後任としてBonn大学教授になった。東ドイツDessauに生まれ2013年Bonnで没した。

34. Deeters & Solta『コーカサス諸語・アルメニア語』1963（32%）

　Armenisch und kaukasische Sprachen. Handbuch der Orientalistik, Leiden/Köln, E.J.Brill, 1963. vii, 272pp. 東洋学叢書の1冊である。コーカサス諸語の筆者Gerhard Deeters（1892-1961）はDas Khartwelische Verbum（Leipzig 1930）で学界に登場。バスク語の動詞と同様、複雑を極めるグルジア語の動詞を解明したものである。Bonn大学教授としてK.H. Schmidtなどを育てた。アルメニア語の著者Georg Renatus Solta（1915-2005）はウィーン大学教授で、バルカン半島の言語が専門。教授資格論文は「印欧諸語の中のアルメニア語の位置」。この巻の内容はコーカサス諸語p.1-79, アルメニア語80-128, グルジア文学（Deeters）129-155, アルメニア文学（Vahan Inglisian）156-250, 索引253-272.

35. Thomas A.Sebeok『言語学者辞典』(1966) 34%

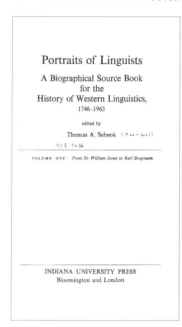

Portraits of Linguists. A Biographical Source Book for the History of Western Linguistics, 1746-1963, edited by Thomas A. Sebeok (1920-2001) Indiana University Press, Bloomington and London, second printing 1967. 扉に in memoriam Bernard Bloch, Louis Hjelmslev, Alf Sommerfelt とある。Introduction (T.Sebeok), Vol.1 (p.1-580) は33名 Sir William Jones, S. Gyarmathi, Humboldt, J.Grimm, Rask, Bopp, Pott, Böhtlingk, Reguly, Curtius, Schleicher, Max Müller, Whitney, Bréal, A.Fick, Leskien, Scherer, Delbrück, Thomsen, Schuchardt, Sweet, J.Baudouin, Verner, Paul, Osthoff, Stumpf, Brugmann, vol.2 (p.1-585) は40名が取り上げられている：Sievers, Wackernagel, Noreen, Gilliéron, Collitz, Zubatý, Saussure, Meinhof, Boas, Passy, Jespersen, Meyer-Lübke, Streitberg, Bally, Meillet, Grammont, Uhlenbeck, Buck, Finck, Pedersen, W.Schmidt, Sechehaye, Vossler, Sandfeld, Bàrtoli, K.Nitsch, Sturtevant, Vendryes, Belić, Kroeber, Zoltán Gombocz, Ginneken, Jaberg, Wijk, M.L.Wagner, Mathesius, Sapir, Karcevski, Edgerton, Brøndal, Bloomfield, Spitzer, Trubetzkoy, Firth, Laziczius, Whorf. すべて最良の伝記から採られている。

36. Bernard Pottier『言語学概論』1967 (35%)

Bernard Pottier: Présentation de la linguistique. Fondement d'une théorie. Paris, Éditions Klincksieck, 1967.(Tradition de l'humanisme, V) わずか78頁の小冊子だが、言語学の全分野を網羅し、百科辞典のようである。G.Guillaume, L.Hjelmslev, L.Tesnièreの言語観をもとに独自の理論を開発し、種々の言語現象を図式で示している。時間体験（chrono-expérience）は意味論の新造語であるが、「過去→現在→未来」の例を挙げる。生まれる→生きる→死ぬ；起きる→働く→寝る；昨日東京から来た→いまヘルシンキにいる→明日コペンハーゲンに出発する；come→stay→go；a week ago→today→in a week；whence→where→whither；prendre→avoir→donner；avant→pendant→après；un crayon→ce crayon→le crayon；aimer［不定詞、愛する、愛すべく］→aimant［現在分詞、愛しながら］→aimé［過去分詞、過去→現在→回顧］)、言語外の事象で言うと、人生の目標→努力中→目標達成（報酬、満足感）となる。本書の目次はles moyens d'expression 12, la structuration syntaxique 15, la structuration sémantique 23, le mécanisme onomasiologique 63, le mécanisme sémiologique 65, les caractéristiques du signe 68, bibliographie 73. 著者（1924-）はパリ・ソルボンヌ大学教授、主専門は意味論とロマンス諸語である。

37. Paul『ドイツ語辞典』1976 (33%)

Hermann Paul：Deutsches Wörterbuch. 8., unveränderte Auflage von Werner Betz, Max Niemeyer Verlag, Tübingen, 1981. x, 841pp. 初版1897. ふだんは佐藤通次の『独和言林』（白水社1948, 初版1936）を利用しているので、独々辞典を利用することは、あまりない。ドイツ語の教師をしていて、遅ればせながら、パウルのこの辞典を1987年、青山学院大学に比較言語学の非常勤で通勤していたとき、渋谷の正進堂で見つけたので購入した (4,000円)。この辞書の特徴と欠点は2005年日本独文学会のシンポジウム「グリムの辞典とパウルの辞典」で発表をし、飯嶋一泰編『ドイツ語辞書の歴史と現在』日本独文学会研究叢書038, 2005, p.16-31）に収録されている。

38. 下宮忠雄『言語学Ⅰ』研究社 1998 (32%)

　英語学文献解題第1巻（研究社、寺澤芳雄監修、全8巻）『言語学Ⅰ』は言語学史的文献解題（p.1-79）と文献目録 p.83-263, 事項索引（Sachregister）p.264-272 からなる。最初、全10分野を1巻にまとめる予定とのことで、1985年2月に編集会議に招待された。言語学史的文献解題の部分（割当：400字200枚）は1986年9月に完成した。文献目録（当初約500項目）は、次の指示があってからでも間に合うと思って、長い間、手をつけずにいた。しかし、本シリーズの全分野の原稿が完成するのに時間がかかるため、分冊刊行するとのことで、1995年3月に文献目録の作成を急ぐよう指示を受けた。こうして1033点の文献目録を1997年7月に完成した。言語学史的文献解題

（50項目）は1816年Franz Boppから1960年André Martinetを経て1995年 Werner WinterにいたるまでのBopp, Rask, Humboldt, Schleicher, Thomsen, Saussure, Paul, Brugmann & Delbrück, Gilliéron, Finck, Saussure, Sapir, Meillet, Schuchardt, Jespersen, Pedersen, Meillet-Cohen, W.Schmidt, Bally, Bloomfield, Bühler, Trubetzkoy, Lewy, Hjelmslev, Buck, Robins, Coseriu, Tesnière, Martinet, Kuryłowicz, Jakobson, Benveniste, Szemerényi, Rohlfs, Palmer, Milewski, Décsy, Lehmann, Pottier, Bynon, 言語学大系（1982-）, Gamkrelidze & Ivanov, Watkins, 言語学百科事典（1994）, 亀井・河野・千野 （編, 1988-93, 1996）, ヨーロッパ言語学の現状（W.Winter）を描いたものだ が、これは楽しい作業であった。巻首にFélix Galletの死語および現存語の 系統樹（1800年ごろ）とCharcotの連合中枢（Associations-Centrum）の図 版を入れた。自分の専門をゲルマン語学とか比較言語学とか称しているが、 この本は言語学におけるほとんど唯一の貢献である。扉にGiichiro Maejima （1904-1985）, Harushige Kodzu（1908-1973）, Hisanosuke Izui（1905-1983）in memoriamと書いて、長年の学恩に感謝することができた。

39.『アメリカンヘリテージ英語辞典』2002（27％）

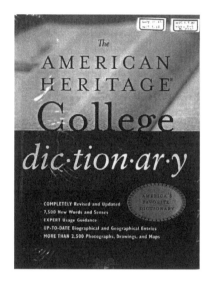

　The American Heritage College Dictionary, fourth edition (2002). Houghton Mifflin Co. Boston, New York. xxviii, 1631pp. 巻末のIndo-European and Indo-Europeans（印欧祖語と印欧語民族）p.1598-1603, とIndo-European roots（318語）はHarvard大学教授Calvert Watkins（1933-2013）の執筆になるもので、印欧祖語から現代にいたる5000年の歴史がヨーロッパ人の生活とともに描かれている。男（*wīro-, virtue）も女（*gwen-, queen）も牛（*gwou-, cow）や馬（*ekwo-, Philip）を飼い、田畑（*agro-, acre）を耕し、穀物（*grəno-, corn）を食べ（*ed-, eat）、水（*wed-, water）を飲み（*pō-, potable）、家（*dem-, timber）に住み、暮らしてきたのである（*gwei-, quick, vivid, vital）。これらの語根と現代英語との関連が述べられる。

40.『ラルース・フランス語辞典』2005（32%）

　Le Petit Larousse Illustré, en couleurs, 87,000 articles, 5,000 illustrations, 321 cartes, Larousse, 2005, 1133頁（普通名詞）、33-48ギリシア・ローマ引用句, 1135-1826頁（固有名詞）、82-128頁（世界史）、各種地図1843-1850頁、となっている。とにかく、楽しい辞書である。辞書というより、百科事典である。
広辞苑や英語のC.O.D.やパウルのドイツ語辞典と同様、どの家庭にも1冊、という国民的な辞書である。ラルースの愛される理由は、美しい紙と美しい多数のカラー図版である。花、動植物、パン、食品、鉄道、地図、そのどれも美しく、見るだけでも楽しい。簡単だが、語源もある。日本語借用語はbonsai, geisha, haiku, ikebana, kabuki, kaki（柿）, mousmé（娘）, koto, sumo, sushiなど72語が載っている。日本の人名や地名も充実している。2005年4月、新宿の朝日カルチャーセンターでゴート語入門の授業をしていたときに、事務室の隣にある図書室でこの辞書を見つけ、10,000円ぐらいなら買いたいと思って紀伊國屋書店洋書部に行くと、6,300円だったので、即刻、購入した。それ以来いろいろ書き込みをしている。広辞苑やCollierの百科事典と同様、必須の本になっている。

索引（私の書棚40冊の著者）

American Heritage Dictionary 211, Andersen H.C. 173, Berneker Erich 180, Brandenstein Wilhelm 196, Collier's 198, Deeters-Solta 205, Dirr Adolf 178, Hempel Heinrich 192, Izui Hisanosuke 184, 186, Journal Asiatique 172, Knobloch Johann 203, Kobayashi Hideo 183, Kodzu Harushige 191, Larousse 212, Lehnert Martin 197, Maejima Giichiro 190, 202, Marouzeau Jules 189, Mayrhofer Manfred 193, Meillet Antoine 181, Meillet-Cohen-Izui 195, Meringer Rudolf 176, Merkel Emma 185, Munksgaard Ejnar 194, Passy Paul 179, Paul Hermann 208, Pott A.F.174, Pottier Bernard 207, Ranke Friedrich 182, Sakaki Ryozaburo 187, Schleicher August 175, Schmidt K.H. 204, Sebeok Thomas A. 206, Shimomiya 209, Sweet Henry 177, Trubetzkoy N.S. 199, Tschenkeli 200

著者プロフィール

下宮 忠雄（しもみや ただお）

専　　門：ゲルマン語学、比較言語学。1935年東京生。早稲田大学、東京教育大学大学院、ボン大学、サラマンカ大学で英語学、ゲルマン語学、印欧言語学、グルジア語、バスク語を学ぶ。

主要著書：Zur Typologie des Georgischen；バスク語入門；ノルウェー語四週間；ドイツ・ゲルマン文献学小事典；言語学Ⅰ（英語学文献解題第1巻）；ヨーロッパ諸語の類型論；グリム童話・伝説・神話・文法小辞典；Alliteration in the Poetic Edda（Peter Lang）；デンマーク語入門；エッダとサガの言語への案内；オランダ語入門。

翻　　訳：言語と先史時代（ハンス・クラーエ著）；抜針と家康（将軍に仕えたあるイギリス人の生涯、クラウス・モンク・プロム著、デンマーク語より）

ゆく河の流れは…私の読書 The river flows ceaselessly…
（My Reading：言語学メモ帳）

2019年9月15日　初版第1刷発行

著　者　下宮　忠雄
発行者　瓜谷　綱延
発行所　株式会社文芸社
　　　　〒160-0022　東京都新宿区新宿1−10−1
　　　　　　　　　電話 03-5369-3060（代表）
　　　　　　　　　　　　03-5369-2299（販売）

印刷所　図書印刷株式会社

©Tadao Shimomiya 2019 Printed in Japan
乱丁本・落丁本はお手数ですが小社販売部宛にお送りください。
送料小社負担にてお取り替えいたします。
本書の一部、あるいは全部を無断で複写・複製・転載・放映、データ配信することは、法律で認められた場合を除き、著作権の侵害となります。
ISBN978-4-286-20533-5